DIMITRIS TSALOUMAS

THE OBSERVATORY

SELECTED POEMS

TRANSLATED BY PHILIP GRUNDY

ABOUT UNTAPPED

Most Australian books ever written have fallen out of print and become unavailable for purchase or loan from libraries. This includes important local and national histories, biographies and memoirs, beloved children's titles, and even winners of glittering literary prizes such as the Miles Franklin Literary Award.

Supported by funding from state and territory libraries, philanthropists and the Australian Research Council, *Untapped* is identifying Australia's culturally important lost books, digitising them, and promoting them to new generations of readers. As well as providing access to lost books and a new source of revenue for their writers, the *Untapped* collaboration is supporting new research into the economic value of authors' reversion rights and book promotion by libraries, and the relationship between library lending and digital book sales. The results will feed into public policy discussions about how we can better support Australian authors, readers and culture.

See untapped.org.au for more information, including a full list of project partners and rediscovered books.

Readers are reminded that these books are products of their time. Some may contain language or reflect views that might now be found offensive or inappropriate.

CONTENTS

Acknowledgements 7
Translator's Introduction 9
ΆΠΟ ΤΗΝ ΠΡΏΤΗ ΣΕΙΡΆ ΤΗΣ
  ΣΥΛΛΟΓΗΣΠΑΡΑΤΗΡΗΣΕΙΣ ΥΠΟΧΟΝΔΡΙΑΚΟΥ 14
A SELECTION FROM FIRST SERIES
  OF OBSERVATIONS OF A HYPOCHONDRIAC 15
ΤΟ ΠΑΡΑΤΗΡΗΤΗΡΙΟ 20
THE OBSERVATORY 21
Η ΞΕΧΑΣΜΕΝΗ ΠΑΡΑΓΓΕΛΙΑ 24
THE FORGOTTEN MESSAGE 25
ΕΣΠΕΡΙΔΕΣ 26
HESPERIDES 27
Ο ΜΕΓΑΣ ΑΛΕΞΑΝΔΡΟΣ 28
ALEXANDER THE GREAT 29
ΕΛΕΓΕΙΟ 34
ELEGY 35
ΕΡΗΜΙΑ 36
WILDERNESS 37
ΘΕΜΑ ΚΑΙ ΣΧΟΛΙΟ 38
TEXT AND COMMENTARY 39
Η ΩΡΑΙΑ ΚΙ Ο ΛΗΣΜΟΝΗΜΕΝΟΣ 44
BEAUTY AND THE FORGOTTEN ONE 45
ΤΑ ΠΡΑΣΙΝΑ ΜΥΡΜΗΓΚΙΑ 46
THE GREEN ANTS 47
Η ΦΩΝΗ 54
THE VOICE 55
ΣΥΜΒΟΥΛΗ 56
ADVICE 57
Ο ΚΑΝΑΚΑΡΗΣ 58

MY DARLING SON 59
Η ΠΥΡΚΑΓΙΑ 60
THE CONFLAGRATION 61
Η ΠΑΡΑΜΟΝΗ ΤΗΣ ΚΥΠΡΟΥ 66
CYPRUS EVE 67
ΣΙΝ ΚΗ-ΤΣΗ 70
ΧΙΝ QI-JI 71
ΠΡΩΪΝΟ ΝΑΝΟΥΡΙΣΜΑ ΓΙΑ ΕΝΑ ΑΡΡΩΣΤΟ ΠΑΙΔΑΚΙ . 72
MORNING LULLABY FOR A SICK CHILD 73
Ο ΑΓΙΟΣ ΦΡΑΓΚΙΣΚΟΣ ΚΑΙ ΤΟ ΠΟΥΛΙ 76
ST FRANCIS AND THE BIRD 77
Ο ΑΡΡΩΣΤΟΣ ΜΠΑΡΜΠΕΡΗΣ 80
THE SICK BARBER 81
ΕΠΙΣΤΟΛΗ ΕΠΙΣΤΑΤΗ 92
AN OVERSEER'S LETTER 93
Η ΕΠΙΣΚΕΨΗ 98
THE VISIT 99
Ο ΠΑΡΗΓΟΡΗΤΗΣ 102
THE COMFORTER 103
ΕΥΧΑΡΙΣΤΗΡΙΟ 106
THANKSGIVING 107
Ο ΧΑΜΟΣ 108
THE LOSS 109
ΕΠΙΣΤΟΛΗ ΡΩΜΑΙΟΥ ΣΤΡΑΤΗΓΟΥ 112
A ROMAN GENERAL'S LETTER 113
Ἀπό τή σύνθεση ΜΙΑ ΡΑΨΩΔΙΑ ΓΕΡΟΝΤΩΝ 118
From A RHAPSODY OF OLD MEN 119

ΤΡΙΆΝΤΑ ΠΟΙΉΜΑΤΑ ἈΠΌ **ΤΟ ΒΙΒΛΙΟ ΤΩΝ ἘΠΙΓΡΑΜΜΆΤΩΝ** / THIRTY POEMS FROM **THE BOOK OF EPIGRAMS**

ΣΤΟΝ ΑΝΑΓΝΩΣΤΗ 132
TO THE READER 133
ΝΥΧΤΕΡΙΝΟ 134

NOCTURNE 135
ΑΣΩΤΟΣ 136
PRODIGAL 137
ΒΡΟΧΗ 138
RAIN 139
ΑΣΩΤΟΣ Β΄ 140
PRODIGAL II 141
ΤΟ ΨΥΓΕΙΟ 142
THE CHILL-ROOM 143
ΛΑΖΑΡΟΣ 144
LAZARUS 145
ΠΑΡΑΓΓΕΛΙΑ 146
MESSAGE 147
Ο ΧΩΡΑΤΑΤΖΗΣ 148
THE PRANKSTER 149
ΕΚΛΟΓΕΣ 150
ELECTIONS 151
ΣΑΝ ΤΡΑΓΟΥΔΑΚΙ 152
VISITING 153
ΥΠΟΣΧΕΣΗ 154
PROMISE 155
Η ΕΠΙΣΤΡΟΦΗ 156
THE RETURN 157
Ο ΧΛΩΜΟΣ ΙΠΠΟΤΗΣ 158
THE PALE KNIGHT 159
Η ΠΑΝΟΠΛΙΑ 160
THE PANOPLY 161
Ο ΑΜΑΝΕΤΖΗΣ ΤΩΝ ΨΥΧΩΝ 162
THE COURIER OF SOULS 163
ΑΝΤΙ ΠΡΟΣΕΥΧΗΣ 164
INSTEAD OF A PRAYER 165
ΣΗΜΕΙΩΜΑ 166
NOTE 167
ΟΙ ΓΕΡΑΝΟΙ 168
THE CRANES 169

ΤΗΛΕΟΠΤΙΚΟ ΜΗΝΥΜΑ ΠΑΡΗΓΟΡΙΑΣ 170
TELEVISED MESSAGE OF COMFORT 171
Ο ΠΥΡΓΟΣ 172
THE TOWER 173
ΤΟ ΠΡΟΣΚΥΝΗΜΑ 174
WORSHIP 175
Ο ΥΠΟΠΤΟΣ 176
THE SUSPECT 177
ΦΥΓΗ 178
FLIGHT 179
Η ΙΕΡΑ ΕΞΕΤΑΣΙΣ 180
THE HOLY INQUISITION 181
ΠΑΡΗΓΟΡΙΑ 182
CONSOLATION 183
Η ΕΠΙΔΟΚΙΜΑΣΙΑ 184
THE APPROVAL 185
ΑΝΤΙΓΟΝΗ 186
ANTIGONE 187
ΣΤΟΝ ΑΝΑΓΝΩΣΤΗ Β'. 188
TO THE READER—II 189
ΣΥΜΒΟΥΛΗ 190
ADVICE 191

Notes 192
About the Author 197
Copyright 198

ACKNOWLEDGEMENTS

My grateful thanks go to my wife who has patiently endured my long hours of seclusion wrestling with this task and who has proved an invaluable critic; to my good friends Michael Kazan and Alex Capellos, my mentors in demotic Greek, without whom the task could never have been started; to Dr Robert Brissenden who first drew my attention to the work of Dimitris Tsaloumas and encouraged me to persevere; and by no means least to Dimitris Tsaloumas himself whose help in clarifying his intentions and facilitating their accurate expression has been essential.

Some of the translations are the work of the poet himself, and others are by Margaret Carroll. Their kind permission to include these versions is gratefully acknowledged, and the poems in question are identified by the subscription of their initials.

P.G.

The author wishes to thank the following: Nea Poreia Publishers, Thessaloniki, for permission to reproduce "The Forgotten Message", "Hesperides", "Elegy", "Wilderness" and "My Darling Son" from *The House with the Eucalypts*, 2nd Edition, 1980, and the thirty epigrams anthologized in this book, all of which were originally published in *The Book of Epigrams*, Nea Poreia Publishers, 1981; Ikaros Publishers, Athens, for permission to reproduce "The Sick Barber", "An Overseer's Letter", "The Visit", "The Comforter", "Thanksgiving", "A Rhapsody of Old Men" from *The Sick Barber and*

Other Characters, Athens, 1979; the editors of Poiese '79 for permission to reproduce "A Roman General's Letter" and "The Loss"; Meanjin for permission to reproduce the translations of "Advice", "Message", "Lazarus" and "Antigone"; Widescope Publishers for the reproduction of "Alexander the Great" from Hellas-Australia by Josef Vondra; William Collins Pty Ltd for "Poem Seven" from The Collins Book of Australian Poetry; Mattoid for permission to reproduce "The Conflagration", "Cyprus Eve", "The Return", "The Courier of Souls"; Helix for permission to reproduce "The Chill-room", "Elections", "The Pale Knight", "Televised Message of Comfort", "Consolation", "The Comforter", and "The Voice".

"Multiculturalism" is perhaps the most exciting and interesting characteristic of Australian society today. The new spirit, encouraged by official policy, seeks to retain and foster the diversity of cultural values and heritages that immigrants have brought with them. Even fervent supporters, however, may have doubts: Is it possible that culture so transplanted can survive? Will it not become a mere museum?

Greek culture at least is a hardy plant. Scattered all over the world in small groups and colonies, the Greeks of the dispersion — the "diaspora" — kept Hellenism alive; even while mainland Greece and many of the islands suffered foreign occupation and cultural and linguistic suppression.

Dimitris Tsaloumas in many ways embodies the stubborn persistence of Hellenism. As a young man he made a promising start as a poet. His writing came to a temporary halt with his immigration, in the early 1950s, to Australia, where he lives in Melbourne with his wife and four children. His determination to settle effectively in his new country led to an arts degree and a diploma of education from the University of Melbourne, followed by a career in the Victorian Department of Education.

However, he resumed the art of poetry, and since 1974 has had six volumes published. *Resurrection 1967 and Triptych for a Second Coming* was a bitter response to the rule of the junta in Greece and of necessity was published in Melbourne. His later books have been published in Greece: *Observations of a Hypochondriac* (1974), *The House with the Eucalypts* (first edition also published in Melbourne, 1975; second edition,

1980), *The Sick Barber and Other Characters* (1979), the dramatic satire *The Son of Sir Sakis* (1979), and *The Book of Epigrams* (1981).

The first book and *The Son of Sir Sakis* are not represented here; each is a lengthy continuous work. This selection offers a representative sample from the other books and from a group of poems published in an anthology, *Poetry 1979.*

Although Dimitris Tsaloumas is in many ways typically Australian — a lover of the outdoors and a keen gardener of native plants — his poetry remains obstinately Greek. There is, for instance, a constant sense of remoteness, of distance from the present environment, almost of nostalgia. In this, he is squarely in the Hellenic tradition, with its underlying tone of a sadness of the soul, a regret for a lost past and, in this case, a distant remembered country.

Another characteristic puts a constraint on the translator and compiler. Some of his poems are so deeply embedded in Greek soil as to defy understanding without a profound knowledge of the native culture from which they derive. Such virtually untranslatable poems have had to be omitted here. Nevertheless some are included which depend on Classical Greek mythology, the common inheritance of all European culture.

The language of modern Greek poetry compounds the difficulty of translation. A continuous tradition over some three thousand years gives to even such everyday words as "sea", "courtyard", "olive-grove", echoes and shades of meaning that English cannot reproduce. Only occasionally, as when the poet recalls that he cried "The sea, the sea!" will the reader hear something of those echoes.

Then again Greek, less changed in its long history than anyone could reasonably expect, provides the poet with a vast treasure of poetic vocabulary not available to the English-language translator. Dimitris Tsaloumas is more adventurous in this respect than many other Greek poets today. Frequently his poems achieve part of their effect from words rarely found in modern Greek-English dictionaries — and this is as likely to be because they are too profoundly "demotic", as because they are archaic.

Finally, much traditional imagery, used freely and without embarrassment by any modern Greek poet, appears sentimental and trite when translated. This is another ground for the exclusion of one or two of Tsaloumas' best poems.

Tsaloumas can be a "difficult" poet — for his Greek reader as well — and this is due to the poet's individuality more than to his language. While other modern Greek poets, from Cavafy through Seferis to Gatsos, Ritsos, the surrealistic Elytis, and the resurrectionist of the Pantheon, Sikelianos, may seem to have little in common with each other, Tsaloumas has less—apart from the powerful common inheritance of Hellenism.

His years of poetic silence were not wasted. What he has brought forth after fallow years is a crop of ripe, full-grown fruit — which is not to say that it lacks change during his decade of publication. The change has been principally in form, but the latest volume represents a shift of interest.

Throughout his work — tragic, lyric, humourous, sardonic — there is to be found an intensity of language, familiar, yet remote, and a density of imagery which require the reader to stretch his own imagination to the utmost. The requirement is the more pressing in poems which at first appear the simplest and most accessible.

The need for this effort has made the translator's task both arduous and immensely rewarding; it is hoped that others, whatever their cultural background, will find similar rewards.

Philip Grundy

οὐκ ἔστιν αὕτη ἡ σοφία ἄνωθεν κατερχομένη,
ἀλλ᾽ ἐπίγειος, ψυχική, δαιμονιώδης.

James 3,15

"Maestro, fa che tu arrivi
da l'altro cinghio e dismontiam lo muro:
chè, com'i'odo quinci e non intendo,
così giú veggio e neente affiguro."

Dante XXIV
Inferno

ΆΠΌ ΤΗΝ ΠΡΏΤΗ ΣΕΙΡΆ ΤΗΣ ΣΥΛΛΟΓΗΣ
ΠΑΡΑΤΗΡΗΣΕΙΣ ΥΠΟΧΟΝΔΡΙΑΚΟΥ

1

Θριαμβέψανε πάλι οἱ ἐχθροί μου σήμερα
καὶ μήτε συντροφιὰ μήτε κουβέντα
νὰ περάσει ἡ πικρὴ ὥρα τοῦ ἀπόδειπνου
παρὰ τὸ ἐπίμονο κλάμα τοῦ μωροῦ
ποὺ ξυπνᾶ καὶ πλαντάζει στοῦ μυαλοῦ τὶς δίπλες
καὶ καλπάζει τὸ αἷμα μὲ τὴ φούρια τοῦ φονιᾶ.

2

Χειροτέρεψε ξανὰ ἡ κατάσταση τοῦ γείτονα
καὶ κλείσαν ἔξω στὸ περβάζι τὸ βασιλικό.
Μέρες παραμονεύω τὰ καμώματα τοῦ θανάτου —
τὶς ἀπουσίες, τὰ ξαφνιάσματα, τὸν ἄσπρο τοῖχο
ποὺ πυρώνει τὸ φῶς, νὰ φανεῖ ἡ ρωγμὴ
νὰ λυτρωθεῖ στὴ ράχη τῆς πεταλούδας ἡ ἐλπίδα.

5

Βρήκαν οἱ ἐξεταστὲς φαρμάκι στὶς σκάφες
τοῦ ὠκεανοῦ, καὶ ψεῖρες στὰ φτερὰ τοῦ ἀγέρα.
Ποῦ νὰ τὸ στείλω τώρα τὸ τελευταῖο μου
πουλί, σὲ τί γιαλὸ νὰ λούσω
τὴ γοργόνα; Μὴ μὲ γυρεύεις μάνα μου,
πιάσαν τὰ σταυροδρόμια οἱ γιοὶ τῆς ἐρημιᾶς.

A SELECTION FROM FIRST SERIES OF OBSERVATIONS OF A HYPOCHONDRIAC

1

My enemies have triumphed again today
and there's neither company nor conversation
to pass the bitter after-dinner hour,
only the spiteful nagging of a baby
waking to burst with rage in the brain's folds,
blood galloping with murderous fury.

2

The neighbour's condition has worsened again
and the basil's been shut out on the window-ledge.
For days I've been watching death's carrying-on,
the absences, the surprise appearances, the white
wall afire with light, waiting for the crack to appear,
for hope to emerge free on the butterfly's back.

5

The researchers found poison in the troughs
of the ocean, and lice on the air's wings.
Where now shall I send my final
bird, on what shore shall I bathe
the mermaid? Mother, don't look for me,
the crossroads are held by the sons of wilderness.

6

Ἄσκημα τὰ νεα ἀπὸ τὸ μέτωπο κι ὁ κόσμος
συνάχτηκε ν' ἀκούσει τοὺς ἀρχηγούς. Συλλογιέμαι
τὴν πικρὴ ὥρα καὶ τὸ δαρμὸ στὸ Ἴλιο
καὶ πάω νὰ τρέξω, ἀλλὰ κοντὰ καὶ παράκουα
τὰ πόδια μου, καὶ τόσο μικρὴ ἡ κραυγή μου
ποὺ δὲ θὰ φτάξει τ' ἀφτὶ τοῦ Θεοῦ.

7

Τί γυρεύουνε οἱ πιστωτὲς στὴν πόρτα μου;
Στὸ σπίτι πὄχτισα κατοικεῖ τὸ τρεξαλούδι
καὶμοιράζομαι τὸ ψωμί μου μὲ τοῦ σπουργίτη τὰ ὀρφανά.
Ἄνθρωπος δὲν ἀγγίζει τ' ἄστρα ποὺ λούζονται
στοῦ πηγαδιοῦ τοὺς ἴσκιους, κι ἀπὸ τὶς φοῦχτες μου
σβήνει τὴ δίψα του ὁ δυόσμος κι ὁ βασιλικός.

8

Λένε πὼς γύρισαν οἱ Ἀργοναῦτες ἄπραχτοι
καὶ τρέχει ὁ κόσμος ἀνάστατος στὸ γιαλό.
Δὲν τὴν περίμεναν τέτοια λαχτάρα
σήμερα, δὲ σκέφτηκαν οἱ ἄμυαλοι πὼς ἡ Κολχίδα
καρπίζει στὴν αὐλή μου, πὼς χαίρεται ὁ χειμώνας μου
τὴ χρυσὴ προβιὰ στὸ κλωνάρι τῆς ροδιᾶς.

6

The news from the front is bad and the people
have gathered to hear the leaders. I think
about the bitter hour and the beating of breasts
at Ilium, and I make to run but my legs
are short and disobedient, and my shout so weak
it can never reach God's ear.

7

What do the creditors want at my door?
In the house I built the cricket lives
and I share my bread with the sparrow's orphans.
No human hand touches the stars that bathe
in the shadows of my well, and from my hands
the mint and basil quench their thirst.

8

They say the Argonauts are back without success
and the people run distraught to the beach.
They never expected such a disappointment
today, it never crossed their foolish minds
that Colchis bears fruit within my yard,
nor that it is my winter that enjoys
the Golden Fleece on the pomegranate's bough.

9

Εἶναι νὰ μὴ ζηλέψεις τὴ σαύρα ποὺ λουφάζει
στὴν καυτὴ πέτρα, τὸ μυρμήγκι ποὺ σεργιανίζει
στὴν κορφὴ τοῦ κρίνου, τὴν ὀχιὰ ποὺ λιμπίστηκε
τὴ δροσιὰ τῆς πηγῆς; Ἀνόρεχτη ἡ δίψα
καὶ τὸ ταξίδι ἄκαρπο. Ἄγουρο γάλα
τῆς συκιᾶς ἀγριεύει τὸν ὕπνο τοῦ μεσημεριοῦ.

10

Οἱ ποιητὲς ποὺ τραγουδώντας τὸν παλιὸ καιρὸ
ὑμνήσαν τὴν ἀθάνατη ἀγάπη, κι οἱ προφῆτες
ποὺ ἀκούσανε τὴ φωνὴ τοῦ Θεοῦ στοῦ κόσμου
τὶς σκαλωσιὲς δὲν ἤξεραν τὴ στενάχωρη θέση μας,
τὶ θὰ πεῖ κλειδωμένος ὁλημερὶς
νὰ μελετᾶς τὸ σαράκι στὶς κουφάλες τοῦ χρόνου.

15

Ποιὸς ἔμπασε πάλι τὴν Ὀμορφη
στὸ βραδινό μου περιβόλι ἄνοιξε κόκκινος
καρπὸς στὴ φεγγαρολουσιὰ στάζοντας τρεῖς
σταγόνες αἷμα στὴν παλάμη τοῦ ζητιάνου
τσίρισε ἡ ζαρωμένη σάρκα ἀλαργινὸ
δάκρυσε τὸ τριζόνι τὴν ἀσκήμια τοῦ πόνου.

16

Πάρτε ἀπὸ πάνω του τὰ μάτια τοῦ χαφιέ,
κι ἀπ' τὸ μοχλὸ ποὺ σπρώχνει τὴν ἴδια σκέψη
ἀπὸ κρόταφο σὲ κρόταφο ν' ἀφαιρεθεῖ τὸ δόντι
ποὺ γαγγραινιάζει τὸν ἐγκέφαλο. Μονάχα φόβος
φουσκώνει τοὺς πνεύμονες τῆς ἐμφιαλωμένης ἀράχνης.
Τὰ μάτια τοῦ φταίχτη νὰ σκοτεινιάσει ἡ ἁμαρτία.

9

Isn't the lizard to be envied, basking on
the hot rock, the ant taking a stroll on
the lily-tip, the viper that lusted for
the coolness of the spring? The thirst unwilling,
and the journey fruitless. Unripe
fig-sap sours the noonday sleep.

10

The poets who, singing in bygone ages,
extolled immortal love, and the prophets
who heard God's voice from the scaffoldings
of the world, never knew the depression that is ours
who, locked up the whole day,
study the woodworm in the cavities of time.

15

Who has let Beauty in again
into my darkling garden   scarlet fruit
opening in the moonflood dripping
three drops of blood into the beggar's palm
the wizened flesh screams out   far away
the cricket wept at such ugliness of pain.

16

Take off him the informer's gaze,
and from the lever thrusting the same thought
from temple to temple take away the barb
that gangrenes the brain. Fear alone
now inflates the lungs of the bottled-up spider.
Let the crime bring darkness to the culprit's eyes.

ΤΟ ΠΑΡΑΤΗΡΗΤΗΡΙΟ

Σηκώνομαι
τινάζοντας ξεστὴ στὸ πάτωμα
τὴ μαχαιριὰ τοῦ πετεινοῦ
καὶ τρέχω νηστικὸς στὸ κεφάλι μου
νὰ μελετήσω πάλι τὴν κατάσταση.

Τίποτα εὐτυχῶς
ποὺ νὰ δείχνει δραστικὴ ἀλλαγή.
Ὁ χάρτης ἀπαράλλαχτος
τὰ σημεῖα τοῦ ὁρίζοντα
στὴ θέση τους
ἡ κλῖμαξ ὅσο γίνεται ἀκριβής —
μαῦρες ρυτίδες
ὀρνιθοσκαλίσματα.
Δύσκολο νὰ θυμηθεῖς τὸ νερὸ
καὶ τὰ βουνὰ ἀκατάληπτα.

Μόνο αὐτὴ ἡ ἐπιμονὴ
στὰ χαμηλά,
αὐτὸ τὸ τρέμισμα σὰν ἀπὸ πυρετὸ
πάνω ἀπ' τὸ πρόσωπο τῆς πέτρας,
τὸ ἀνεπαίσθητο σπρώξιμο
ἐκεῖ ποὺ διαγράφονται
τὰ γαλανὰ σύνορα
κι ἀρχίζουν οἱ ὑποψίες λέξεων
καὶ γνώριμων σχημάτων.

THE OBSERVATORY

I leap to my feet
flinging to the floor
the cockerel's warm knife-wound
and stomach still empty, rush
to my brain
to check again how things stand.

Nothing, luckily,
to show a drastic change.
The map shows no variation
the points of the compass
in their place
the scale, as near as may be, accurate —
black ripples
bird-scrabblings.
Hard to remember the water
and the mountains incomprehensible.

Just this persistence
deep below
this fever-like quiver
over the face of the rock,
the imperceptible upthrust
there, where the pale-blue borderlines
are sketched
and the suspicion of words
and familiar shapes begins.

Ἐλᾶτε νὰ δεῖτε οἱ ἄπιστοι
κι ἐσεῖς ποὺ ξέρετε τὰ πολλά.
Στὶς ὦχρες τοῦ ἄκληρου ἥλιου
τὶς χλωμὲς κοιλάδες
ἐδῶ ψήνονται τὰ στολίδια τῆς αὔριον,
ἐδῶ ἐκκολάπτεται
ἡ πολιτικὴ τῶν ὀνείρων σας
ἡ ἰδανικὴ πολιτεία.

Καὶ θὰ μιλᾶνε πάλι ἀπὸ πίσω μου
γιατὶ θὰ γυρίσουν στὶς γυναῖκες τους
καὶ τὰ παιδιά τους
μὲ τίποτα τὸ συγκεκριμένο
νὰ διασκεδάσουν τὴ μελαγχολία τους,
οὔτε ἀπειλὴ οὔτε ὑπόσχεση
ἢ τουλάχιστο τὴ βεβαιότητα
πὼς μὲ βρῆκαν τρελό.

Come and see for yourselves,
sceptics and know-alls.
In the ochre wastes
and pallid valleys of a barren sun
see the firing of tomorrow's ornaments
see the hatching of
the politics of your dreams —
the Ideal City.

Oh they'll talk again behind my back
because they'll return to their wives
and their children
with nothing concrete
to entertain their melancholy,
no threat no promise
not even the certainty
that they'd found me mad.

Η ΞΕΧΑΣΜΕΝΗ ΠΑΡΑΓΓΕΛΙΑ

Παράγγειλε στὰ νιάτα του τῆς θάλασσας
κι ἀπ' τὰ μπεντένια καὶ τ' ἀγέρα τὶς ἐρημιὲς
κοιτάζει τώρα τὴ γυναίκα τῶν ὀνείρων του
καρτερώντας στὸν ἐλαιώνα τῆς σιωπῆς.

Πῶς νὰ ἐξηγήσεις τώρα ποὺ ἀγρυπνᾶς
τὴ σιγουριὰ τῆς ἀφῆς στὰ σκοτεινὰ
τὶς ὑπόγειες ἐπιδοκιμασίες τῆς φαντασίας
τὶς ραδιουργίες τῆς ἀράχνης
στοὺς ἀτέλειωτους διάδρομους πῶς ν' ἀποδείξεις
τὸ φῶς ποὺ μυρμηγκιάζει στὴν κορφὴ τοῦ εὐκάλυπτου
τρώγοντας τὴν καρδιὰ τοῦ καλοκαιριοῦ

Δικά σου φίλε τ' ἄλλα μου ἀγαθά.
Στὶς ἀβατιὲς τοῦ νοῦ καρπίζει ἡ ἀπελπισιὰ
κι ἀπ' τὶς σκοπιές μου γεύομαι φαρμάκι
τὴν ἐλαιόφωτη γυναίκα στὸ βωμὸ τῆς σιωπῆς.

THE FORGOTTEN MESSAGE

He'd sent a message to the sea in his youth
and from the battlements and bleakness of the winds
he now spies the woman of his dreams
waiting in the olive-groves of silence.

But how can you, waking, explain
the assurance of the touch in the dark
the subterranean approvals of the imagination
the spider's plots
in the endless corridors
how can you prove
the myriad-ant light
across the gum-tree tops
eating away the heart of summer

All I now possess is yours, my friend.
In the wilds of the mind hope bears no fruit,
and from my vantage-point I taste this bitterness,
the woman, lit by the olive-grove, on the altar of silence.

ΕΣΠΕΡΙΔΕΣ

Ἀπόψε μήνυσα τοῦ Ἕσπερου
στὶς ἀπώτατες ἀχτὲς τοῦ κόσμου
ὕπνος νὰ μὴ δαμάσει τὶς θυγατέρες του
καὶ γείρουνε στ' ἀλώνι τῆς χρυσῆς μηλιᾶς.

Γιατὶ ξεκίνησε ὁ γιὸς μου ὁ ἀχάριστος
πού 'μαθε γράμματα καὶ μὲ θαρρεῖ φτωχὸ
νὰ κλέψει τὸ καμάρι τῶν ἀθανάτων
ποὺ τὸ τραπέζι μου γυμνὸ κι ἡ ὑπομονή μου στείρα.

Ἄγρυπνες οἱ πανέμορφες καὶ στάλα στάλα
τὸ τάσι νὰ γεμίζουν τῆς χαρᾶς του
ποὺ κινδυνεύει ξέγνοιαστος ὁ δράκοντας
στὸ μακάριο καλοκαίρι τῆς ἑσπερινῆς γῆς.

HESPERIDES

Tonight I sent word to Hesperus
on the furthest shores of the earth
to see that sleep doesn't tempt his daughters
in the threshing-floor brightness
where the golden apple-tree stands.

Because my ungrateful son
who went to school and now thinks me poor
set out to steal the Immortals' own pride
since bare is my table and my endurance barren.

Let the Fair Ones, ever-watchful, drop by drop
fill the cup of his pleasure;
for deadly danger stalks the unsuspecting dragon
in the blissful summer of the Hesperian land.

Ο ΜΕΓΑΣ ΑΛΕΞΑΝΔΡΟΣ

Εἶδα καὶ φέτος τὴ γοργόνα
νὰ λούζεται στὰ ἐρημονήσια
τοῦ μεσημεριοῦ
ἀλλὰ δὲν τῆς μίλησα ὅπως ἄλλες
φορές. Τὴ βαριέται κανεὶς
τὴν ἴδια ἐρώτηση.

Καὶ ποῦ τὸν εἶδα ἐγὼ τὸν Μέγα Ἀλέξανδρο;

Ρώτησα στὴν Ἀνατολὴ
κι ἄκουσα ἀοριστίες. Τὸν ὁρίζοντα
τὸν κυβερνοῦν τὰ μάτια σου
κι ἡ πιὸ ψηλὴ κορφὴ τῆς ἡμέρας,
καὶ μὲς στὸ τσέρκι ποὺ σὲ δένει
κάνεις ὅ,τι μπορεῖς
νὰ μὴ στερηθοῦν τὰ παιδιά σου.

ALEXANDER THE GREAT

The mermaid has become chiefly associated in
Greek folk-lore with the legend of Alexander the
Great's sister who as a mermaid wanders the seas
looking for her lost brother, calling out to sailors
through the storm to ask whether Alexander the
Great lives. Ritual requires that the sailors hear-
ing her question reply "he lives and reigns", upon
which the mermaid calms the sea and ensures the
ship's crew a safe return to harbour.

Margaret Carroll and Stathis Gauntlett
IMAGES OF THE AEGEAN

I saw the mermaid this year again
bathing by the desert islands
of midday
but I didn't speak to her as on other
occasions. One tires of
the same question.

And where would I have seen Alexander the Great?

I enquired in the East
and could learn nothing definite. Your own eyes
and the highest peak of day
govern the horizon
and within this hoop
you do what you can
to provide for your children.

Σηκώνεσαι μὲ τὰ χαράματα
καὶ πιάνεσαι μὲ τὴ μαύρη σκέψη
προτοῦ ἀκόμα φτιάξεις καφέ,
συγυρίζεις τὸ σπίτι σου,
μελετᾶς τὰ στοιχεῖα καὶ παλεύεις τὴ γῆς,
φροντίζεις τὸ συκογύρι καὶ τὴν ἁπλωταριά,
διώχνεις τὸ γεράκι μὲ τενεκέδες
καὶ ξεφωνητά,
δένεις τὴ γίδα τὸ βράδι στὴ χαρουπιὰ
καὶ πέφτεις ἐκεῖ ποὺ γίνεται τὸ χῶμα
καὶ οἱ ρίζες τῶν ἐρειπίων.

Ἀνατολίτικη φιλοσοφία.
Μοῦ δεῖξανε ἴχνη,
ἀναμφισβήτητα τεκμήρια δράσεως
ἀλλὰ προβληματικῆς, νεφελώδους παρουσίας.

Στὴ Δύση πάλι
μοῦ δεῖξανε βιβλία καὶ ζωγραφιές,
μὲ πήγανε σὲ θέατρα,
μὲ λειτουργήσανε στὶς πιό μεγάλες
ἐκκλησιὲς τοῦ κόσμου.
Ἡ κάθε πράξη σου εἶναι καρπὸς τῶν αἰώνων
ποὺ σπρώχνουν θέλει δὲ θέλει
στὴν ἀγκαλιὰ τοῦ ἀγίνωτου χρόνου
τὸ πνεῦμα τοῦ ταπεινοῦ καὶ τοῦ ἀλαζόνος,
τοῦ ἀγαθοῦ καὶ τοῦ πονηροῦ,
πρὸς τὸ ἕνα κι ἀλάνθαστο ἄθροισμα
ποὺ κάνει τὴν πρόσθεση τῆς ἀπουσίας
ἀδύνατη. Ὁ θρίαμβος
τοῦ Μέγ᾿ Ἀλέξανδρου
ἀκόμα δὲ συμπληρώθηκε καὶ μεγαλώνει
ἀπὸ σατραπεία σὲ σατραπεία,
ἀπὸ θάνατο σὲ θάνατο.
Σκύψε μέσα σου καὶ θὰ τὸν δεῖς.

You rise with the daybreak
and are gripped by black thought
even before you make coffee,
you put your house in order,
study the weather,
see to the figs spread out for sweetening,
chase away the hawk with tincans and shouting,
tie the she-goat at evening to the carob tree
and drop where the soil forms
and the roots of ruins.

Oriental philosophy.
They showed me tracks,
indisputable evidence of action
but the actual presence problematical, vague.

In the West
they showed me books and paintings,
they took me to theatres,
to services in the great
cathedrals of the world.
Your every act is the fruit of the ages
that thrust the spirit of the humble man and
the boaster, the good man and the wicked—whether
they will it or no—into the embrace of unripe time,
towards the one infallible sum of all things
which makes the addition of absence
impossible. The triumph
of Alexander the Great
is not yet complete and grows greater
from satrapy to satrapy,
from death to death.
Bend to look within yourself and you will see him.

Καὶ σκύβω καὶ δὲ βλέπω Ἀλέξανδρο
μικρὸ ἢ μεγάλο
μόνο μετανιωμένο ἀσκητὴ
πάνω στὸν ἀφιλόξενο βράχο του
προσπαθώντας μὲ μεγάλες φωνὲς
καὶ χειρονομίες
νὰ προσελκύσει τὴν προσοχὴ ὁμοιοπαθῶν
στ' ἄλλα γκρεμνὰ τοῦ πελάγους.
Εἶναι νὰ μὴ τσατίζεσαι; Καὶ σὰ νὰ μὴ σέ φτάνει ἡ σκέψη σου
νὰ 'χεις καὶ τὸν κίνδυνο τῶν ἐνδοιασμῶν,
τῶν ὑπεκφυγῶν, τῶν προσχημάτων.

Τῆς γοργόνας ἐγὼ δὲν τῆς ξαναμιλῶ.

And I bend to look and I see no Alexander
small or great
only a repentant ascetic
high on his inhospitable rock
striving with loud cries and gestures
to attract the attention of fellow sufferers
on the other precipices in the sea.
How can you not feel angered by frustration?
And as if your thought is not sufficient torment,
to experience also the danger of doubts,
evasions, excuses.

I won't speak with the mermaid again.

M.C.

ΕΛΕΓΕΙΟ

Γιατὶ καρφώσαν τὸν ἀγέρα στὴν πόρτα σου
μὲ τὸ μαχαίρι
τὴν ὥρα ποὺ μᾶς πρόδωσεν ὁ ὕπνος

γιατὶ πετροβόλησαν τὰ χελιδόνια
στὸ παραθύρι σου
τὴν ἄνοιξη ποὺ μᾶς ξελόγιασε ἡ χαρὰ

γιατὶ ρίξανε φαρμάκι στὸ πηγάδι σου
τὰ ξημερώματα
π' ἀφίσαμε τὴν ἐμπασιὰ ἀνοιχτὴ

γι' αὐτὸ φίλε μου
γι' αὐτὸ σκυθρωπάζει ἡ μνήμη στὰ χέρια μας
γι' αὐτὸ λουφάζει ἡ σκέψη κι ἀγαναχτεῖ
παγιδεμένη στὰ στενὰ χάσματα τῆς καρδιᾶς

γιατὶ τὰ σύννεφα στεγνὰ καὶ στ' οὐρανοῦ
τὰ τρίσβαθα
θρόοι καὶ ψίθυροι κι ἡ σιωπὴ τῆς σάλπιγγας

γιατὶ στοῦ χρόνου τὰ καμίνια φτύνουν
βλοσυροὶ θεοὶ
καὶ οἱ φλόγες τυραννᾶνετὸ κόκαλο.

ELEGY

Because they knife-nailed the wind
to your door
the moment sleep undid us

because they stoned the swallow
on your window-ledge
when joy betrayed us in the spring

because they threw poison in your well
at break of day
when we left your gate unshut

for that reason my friend
memory frowns in our hands
for that reason thought pants and frets
trapped in the narrow straits of the heart

because the cloud is dry and in the depths
of heaven
rustlings and whispers and the hush of the trumpet

because into the kilns of time
there spit surly gods
and the flame rises to torture the bone.

D.T.

ΕΡΗΜΙΑ

Δόντια ὕαινας ποὺ χαμογέλασε στὸ φεγγάρι
καὶ νόμισες πὼς σοῦ πρόσφερνα μαργαριτάρια.

Νύχια ποὺ ξέσκιζαν τὰ φρένα σου στὰ σκοτεινὰ
κι εἶπες πὼς γίνονταν χαρὰ μὲς στῆς καρδιᾶς τὰ μύχια.

Λούφασμα τῆς γῆς καὶ σκοτεινὴ βουὴ τοῦ πάθους
ποιὸς τυραννᾶ τὸν ἥλιο στὶς σπηλιὲς τοῦ βάθους;

Κόρη μου μὴ φοβᾶσαι ἐσὺ κι ἂς εἶναι τὸ νησὶ
μακριά. Μοῦ ἀπόμειναν ἀκόμα ἕνα δυὸ δελφίνια
κι ἡ σιγουριὰ τῆς στιλπνῆς ράχης τους.

WILDERNESS

Hyena's teeth, my dear, moon-smiling snarl,
and you believed I'd come with gifts of pearls.

And it was claws that tore at your brain in the dark,
not joy's birth-pangs, as you thought, in your heart.

Panting of the earth and darkest rumble of passion,
who's torturing the sun in the caves of the deep?

Don't be afraid, my dear, though the island's far
away. I've still got one or two dolphins left
and the haven of their glistening backs.

ΘΕΜΑ ΚΑΙ ΣΧΟΛΙΟ

1 Τὸ θέμα

Μακρινὲς οἱ φωνὲς τῶν ἀνθρώπων
Κύριε, καὶ στὸ πεζούλι τῆς αὐλῆς
κάθεται νηστικὴ ἡ ἑσπέρα του
στῆς νύχτας τὴν ποδιά.
Μ' ἀπόψε ὁ χειμώνας του παραθερίζει
ἐκεῖ ποὺ κατοικοῦν τὰ μικρὰ πουλάκια
κι εἶναι ὁ οὐρανὸς τόσο ἐλαφρὺς
ποὺ ἕνα παιδάκι μονάχο του
μπορεῖ νὰ τὸν σηκώσει.

2 Τὸ σχόλιο

Καὶ πρῶτα ἀπ' ὅλα ὁ Θεός.
Ἡ παράκληση ἐξυπακούεται
ἀλλὰ ἡ ἐπίκληση σκοπὸν ἔχει
νὰ ἐπιστήσει τὴν προσοχή του
σὲ τοῦτο τὸ περίεργο,
πὼς οἱ φωνὲς ἢ πλήθυναν
καὶ κατάντησαν δυσνόητες,
ἢ εἶναι πραγματικὰ μακρινὲς
καὶ γι' αὐτὸ ἀκατάληπτες. Πάντως,
τὸ πρόσωπο τοῦ θέματος διατελεῖ
ὑπὸ συνθήκας ἀπομονώσεως,
ἡ δὲ εἰκόνα τῆς νηστικῆς ἑσπέρας
(μὲ τὴ νύχτα νὰ προοιωνίζει χειρότερα)
φανερώνει ἔνδεια —
ὄχι κατ' ἀνάγκη ὑλική —
ποὺ δὲ φαίνεται ὡστόσο νὰ προκαλεῖ
ἀνησυχία ἢ κατάθλιψη.

TEXT AND COMMENTARY

1. The Text

Distant the voices of men
O Lord, and in the courtyard,
upon the stone seat,
there sits his hungry evening
in the lap of night.
But tonight his winter is summering
where the little birds live
and where the sky is so light
that a small child
can lift it up without help.

2. The Commentary

And first of all, God.
The prayer is implicit
but the invocation is intended
to draw His attention to this curious fact,
that either the voices have multiplied
into confusion
or they are in fact distant
and therefore unintelligible. However,
the person in this text seems to be
in circumstances of isolation,
and the image of the hungry evening
(with night boding worse)
points to indigence —
not necessarily material —
which, however, does not appear to cause
anxiety or depression.

Ἀπεναντίας,
ἂν κοιτάξετε προσεχτικά,
ἡ ἑσπέρα κάθεται,
κι αὐτὸ εἶναι σημαντικό,
γιατὶ τὰ νηστικὰ σηκώνονται
καὶ φωνάζουν.
Τὰ νηστικὰ εἶναι ἡ φοβέρα
καὶ τὸ ἄσκημο μαντάτο,
εἶναι ἡ ὕαινα καὶ τὸ κίτρινο δόντι,
ἡ πρησμένη κοιλιὰ καὶ ἡ κακιὰ μύγα
τῆς ἐρήμου,
κι ἄλλα παρόμοια
καὶ ξένα πρὸς τὸ πνεῦμα τοῦ θέματος,
ποὺ δείχνει ἄνθρωπο
σὲ κατάσταση ἠρεμίας καὶ γαλήνης —
ψυχολογικῆς ἀνεξαρτησίας,
θἄλεγες. Ὁ τόνος συμπαθείας
ἀφορᾶτὴ διάθεση τοῦ παρατηρητοῦ.

Ἡ παρεμβολὴ τοῦ χειμώνα
ὅπως εἴδαμε παραπάνω
δὲν εἶναι ἐντελῶς περιστατική,
ἡ δὲ ἐξεξητημένη εἰκόνα τοῦ παραθερισμοῦ του,
καὶ μάλιστα ἐκεῖ ποὺ κατοικοῦν
τὰ μικρὰ πουλάκια
(σάμπως καὶ τὰ πουλιὰ νὰ
εἶχαν ὁρισμένο τόπο διαμονῆς)
δείχνει πὼς ὁ ἄνθρωπός μας
ἢ δὲν εἶναι καλά,
ἢ σήκωσε τοὺς πέπλους τοῦ μέλλοντος
κι ἀπέρριψε τὴ δικαιολογία τοῦ παρόντος,
ἢ εἶναι ποιητὴς καὶ μεταφράζει
τὴν ἀγωνία μιᾶς κάποιας βραδιᾶς

On the contrary,
if you look carefully,
the evening sits,
and this is significant
for hungry things will rise up
and cry out,
hungry things spell threat
and bad news,
they spell the hyena and the yellow tooth,
the bloated belly and the obscene fly
of the desert,
and other similar things
all alien from the spirit of the theme
which portrays a man
in conditions of calm and serenity —
of psychological independence,
you might say.
The tone of sympathy
concerns the disposition of the observer.

The interpolation of winter,
as we saw above,
is not altogether a matter of chance,
and the far-fetched image of its summering,
especially where the little birds live
(as if little birds had
particular places of abode)
shows that either our man
is not all there
or that he has parted the veils of the future
and rejected the justification of the present,
or that he is a poet
translating the anguish of a certain evening

(ἡ ἔκφραση «μ' ἀπόψε»
δὲν πρέπει νὰ περάσει ἀπαρατήρητη)
σὲ γλώσσα χρόνου διαφορετικοῦ
καὶ ἄλλου, δῆθεν πιὸ συγκεκριμένου
τρόπου ἀντιλήψεως.

                Πράγματι
ὁ οὐρανὸς (κι ἴσως αὐτὸ
νὰ σχετίζεται μὲ τὴν κρυφὴ παράκληση)
ὁ οὐρανὸς ἀλαφραίνει στὸ σημεῖο
ποὺ ἕνα μικρὸ παιδάκι τὸν σηκώνει
ὅπως θὰ σήκωνε ἕνα μαντήλι
ἢ ἕνα λιβάδι μὲ τὸ χαμόμηλο
καὶ τ' ἀρνάκια του, πράγμα ποὺ
συμφωνεῖ καὶ μὲ τὸ ῥητό, πὼς τὸ παιδὶ
εἶναι ὁ πατέρας τοῦ ἀνθρώπου.

(the expression 'but tonight'
must not pass unnoticed)
into the idiom of a different time
and another, perhaps more concrete
mode of perception.

                In fact,
the sky (and perhaps this
relates to the hidden prayer)
the sky becomes light to the point
where a small child can lift it,
as he would lift up a handkerchief
or a meadow with its camomile
and its little lambs, which is consistent
with the saying that the child
is father of the man.

Η ΩΡΑΙΑ ΚΙ Ο ΛΗΣΜΟΝΗΜΕΝΟΣ

Ἡ φωνή σου μὲ ξάφνιασε.
Δεν ἦρθε σὰν καλοκαιρινὸ πουλὶ
 νὰἐκπληρωθοῦν οἱ προσδοκίες
τοῦ παραθεριστῆ,
ἀλλὰ σὰν τὸ καλὸ μαντάτο
σ' αὐτοὺς ποὺ κάθονται στὴν πέτρα
καὶ δὲν περιμένουν,
 δὲνπεριμένουν τίποτα.
Σὲ παρακαλῶ, μὴ μοῦ τὴ στερήσεις.

Τὸ γέλιο σου. Τὸ γέλιο σου
δὲν εἴταν σὰν τὸ γάργαρο νερὸ
σὲ κάποιο τοπίο ρομαντικῆς
εὐαισθησίας,
ἀλλὰ σάν τὸ καρπούζι ποὺ σκάζει ὁ Αὔγουστος
νὰ σβήνει τὴ δίψα του ὁ ἀγωγιάτης
στὴν ἀνηφόρα.
Τέτοια δροσιὰ ποτὲ
στὴ ζωή μου, ποτὲ δὲ δοκίμασα.

BEAUTY AND THE FORGOTTEN ONE

Your voice surprised me.
It came not like a summer bird
fulfilling the expectations
of the holiday-maker,
but like good news
to those who sit upon the rock
patiently,
expecting nothing.
I beg you, don't deny it me.

Your laughter. Your laughter
was not like gurgling water
in some landscape of romantic
sentiment,
but like a water-melon, split open by August
to quench a muleteer's thirst
on a steep climb.
Such freshness
I have never tasted in my life.

ΤΑ ΠΡΑΣΙΝΑ ΜΥΡΜΗΓΚΙΑ

Κάτω στοὺς Ἀντίποδες,
στὶς μεγάλες ἐρημιὲς ποὺ ἀγκαλιάζουν
θάλασσες τόσο ἀφιλόξενες
ποὺ ὁ θάνατος κρύβεται
σὲ κοχύλια παρδαλὰ καὶ χταποδάκια
μικρότερα κι ἀπὸ τὸ χέρι τοῦ μωροῦ,
στὴ μακρινὴ Γῆ τοῦ Ἀρνέμου
ποὺ ὁ χρόνος ἀκόμα κοιμᾶται
καὶ ζαρωμένοι ἄνθρωποι μὲ
σκουριασμένο πετσὶ
βογγᾶνε τὰ μεράκια τους
μέσα σὲ ξύλινα λούκια
πάνω ἀπὸ τρεῖς ὀργιὲς
καὶ τὰ μαστάρια τῶν γυναικῶν
κρέμονται χαμηλὰ βυζαίνοντας
τὴ μύγα —
ἐκεῖ στεῖλαν οἱ φωτισμένοι
καὶ βρῆκαν τὸ ὀρυκτὸ τὸ σωτήριο,
τὸ θαυματουργὸ οὐράνιο
πλοῦτος
νὰ ντύσουν τὴν ἀφανισμένη φυλὴ
καὶ νἀπληρωθοῦν οἱ κόποι τοῦ δικαίου.

Γιατὶ λοιπὸν αὐτὲς οἱ ἀναβολές,
γιατὶ φωνάζουν καὶ δέρνονται
 οἰξιπόλητοι
καὶ ξίνισε ἡ χαρὰ κι ἔπεσε πανικὸς
 στὰ χρηματιστήρια;

THE GREEN ANTS

Down in the Antipodes
in the vast deserts, embraced
by such inhospitable seas
that death lurks
in multicoloured shells and octopuses
smaller than a baby's hand,
in distant Arnhem Land
where time still sleeps
and wizened men
with rusty skins
moan their dirges
into wooden drainpipes
three fathoms long
and the women's breasts
hang low, giving suck
to the fly —
there the enlightened ones
went to search and found
the mineral of salvation
Uranus' gift
wealth
to clothe the vanquished race
and reward the labours of the just.

Then why these delays,
why do the long-hairs
shout and rush about
and why has joy turned sour and panic fallen
on the stock exchanges?

Τόση ἀχαριστία δὲν τὴν πίστεψα
κι εἶπα νὰ μάθω τὴν ἀλήθεια
στὸν τόπο της, ἂν κι ὁ ταξιδευτὴς ἐδῶ
θέλει τὰ μάτια του τέσσερα.
Γιατὶ δὲ ν ἔχει τίποτα ποὺ νὰ 'γινε
μιὰ φορὰ κι ἕνα καιρὸ
ἀλλὰ στὴν πιὸ συγκεκριμένη Ἐποχὴ
τῶν Ὀνείρων, ποὺ ζωντανὰ καὶ βουνὰ
καὶ ἄστρα εἶταν ἀκόμη ἄνθρωποι.
Κι ἐπειδὴ στὸν καιρὸ τῶν ὀνείρων
εἶταν ὁ δρόμος εὔκολος στὸν οὐρανὸ
καὶ πῆγαν πολλοὶ ποὺ δὲν ἔπρεπε,
δὲν ξέρεις πότε θὰ βαρεθεῖ ὁ Πούρρα
νὰ πλανιέται μὲ τὸ δαυλί του
ἀνάβοντας τὸ μονοπάτι τοῦ Γαλαξία,
πότε θὰ ρθεῖ τὸ κέφι τοῦ Κούμπαμπιν
νὰ τρυπήσει τὸν κουβὰ μέ τὴ βροχή,
πότε θὰ νοσταλγήσει ὁ σιχαμένος Πίγγαλ
τὸ ζαρωμένο του ὄργανο
νὰ κατεβεῖ στὰ παλιὰ του λιμέρια νὰ ψάξει
καὶ νὰ σ' ἀφίσει ἀφέγγαρο.

Καὶ μολαταῦτα, μ' ὅλες τὶς προφυλάξεις
καὶ τὴ γνώση μου,
αὐτὸ ποὺ βρῆκα δὲν τὸ περίμενα.
Χωρὶς κουβέντες καὶ προοίμια
 μὲ πῆγαν οἱ γελοῖοι στοὺς ἱερούς τους τόπους
νὰ μοῦ δείξουν, τί; μυρμήγκια!
Σὰ νὰ μὴν εἴχαμε ἀπὸ τέτοια στὰ μέρη μας —
κι αὐτοὶ νὰ στέκονται
κοτζάμου λελέδες τσίτσιδοι
καὶ νὰ τρέμουν σὰν τὸ καλάμι
ἀνάμεσα στὶς μυρμηγκοφωλιές.

Such ingratitude I found hard to believe
and decided to learn the truth
on the spot, no matter that
the traveller in those parts
must keep his eyes skinned.
For nothing that exists was born
once upon a time
but in the utter reality of Dreamtime
when animals and mountains
and stars were still men.
And since, in the Dreamtime,
the way to heaven was easy
and many went there who should not,
you never know when Pourra will get tired
of wandering with his firebrand
lighting up the galaxy's path,
when Koobabin will have the fun
of puncturing the rain-basket,
or when the hideous Pingal will miss
his withered organ and descend
to his old haunts to look for it
and leave you moonless.

Nevertheless, with all my precautions
and my knowledge,
I didn't expect what I found.
Without speech, without preamble,
they took me to their sacred sites
to show me — what? Ants!
As if we were short of those at home!
and they just standing there
stark silly naked
trembling like reeds
amid the ants' nests.

Παράξενα μυρμήγκια, δὲ λέγω,
αἱμοβόρα καὶ πράσινα,
μυριάδες κεραῖες ποὺ
δὲν τοὺς ξεφεύγει τίποτα, ποὺ
δὲ σ᾽ ἀφίνει τὸ μάτι τους οὔτε στιγμὴ
πίσω ἀπὸ τοίχους ἀδιαπέραστους
προσεχτικά, σκληρὰ μάτια γυάλινα
μελετώντας τὸ μεδούλι
στὸ κάθε σου κόκαλο,
ξυπνώντας ρίγη παράξενα
στὴν κάψα τοῦ Ἰσημερινοῦ,
μακρινὲς ἀνησυχίες ἀόριστες.
Ἀλλὰ πῶς νὰ παραδεχτεῖς
πὼς τὸν Καιρὸ τῶν Ὀνείρων
ἔγιναν καὶ τὰ πράσινα μυρμήγκια
φρουροὶ σκοτεινῶν μυστικῶν
βαθειὰ στὴ γῆ τῆς δικαιοδοσίας τους,
κι ἀλίμονο στὸν ἄνθρωπο
ποὺ θὰ βρεθεῖ νά σκάψει τὴ γῆς
νά θρυμματίσει τὰ βράχια
νά ἀναστατώσει τὰ κοιμούμενα;

Τί θὰ θεριέψουν, λέει, τότε τὰ μυρμήγκια
θἀγίνουν τέρατα ἀνήκουστα
καὶθὰ χυμήξουν νὰ ρημάξουν τὸν κόσμο,
ἐκατομμύρια βελῶνες ποὺ τρυπᾶνε
πέρα κι ἀπὸ τὸ κόκαλο,
δαγκάνες ποὺ κατεδαφίζουν τὴ σάρκα
καὶ διαμελίζουν τὸν ἐγκέφαλο.

Remarkable ants, I admit,
bloodthirsty and green,
a myriad antennae which
nothing escapes, eyes
that never leave you for a moment
watchful behind impregnable
walls, hard glassy eyes
studying the marrow
in your every bone,
inducing a strange shiver
in the equatorial heat,
distant vague unquietness.
But how could you admit
that in the Dreamtime
the green ants too were born
and made guardians of dark mysteries
deep in the earth of their jurisdiction,
and woe betide the man
found digging up that earth
to shatter the rocks
and turn up sleeping things?

For they say the ants will change, will grow
into unheard-of monsters
and rush out to destroy the world
a million needles piercing
through the bone
jaws demolishing the flesh
and dismembering the brain.

Κι ἔφυγα πεπεισμένος πὼς οἱ μέτοχοι
δὲν ἔχουν ἄδικο νὰ διαμαρτύρονται
κι οἱ οἰκονομολόγοι νὰ φωνάζουν
πὼς ἡ Κυβέρνηση πρέπει νὰ πάψει
τὰ καλοπιάσματα καὶ νὰ κοιτάξει
τὰ κατεπείγοντα προβλήματα τοῦ πληθωρισμοῦ
καὶ τοῦ ἰσοζυγίου τῶν πληρωμῶν.
Μυρμήγκια ξεμυρμήγκια, ν' ἀρχίσουν
ἀμέσως οἱ ἐκσκαφὲς κι οἱ ἐξαγωγές.
Οἱ ἄκληροι τῆς ἐρήμου πρέπει νὰ δοῦν
τὸ συμφέρο τους, νὰ διαφωτιστοῦν.

I left, convinced that the shareholders
are quite right to protest
and the economists to demand
that the Government should stop
coddling them and concentrate
on the pressing problems of inflation
and the balance of payments.
Ants or no ants, let the mining
and the exporting begin at once.
Let the dispossessed poor become
enlightened ones; let them appreciate
what's best for them.

Η ΦΩΝΗ

Ἄχ πῶς νὰ βγῶ στὸν κάμπο
ποὺ λάμπει τῆς νύχτας ἡ παγωνιὰ
σὰν τὸ δόντι τοῦ λύκου

πῶς ν' ἀφίσω τὸ γιατάκι μου
ν' ἀντικρύσω τὴν ἀκεφιὰ τοῦ ἀγέρα
καὶ τὸ θολὸ μάτι τῆς ποταμιᾶς

κι ἂν ἡ φωνὴ δὲν εἶναι ἀνθρώπινη —
ἂν εἶναι ὁ ξαποδὼς σεργιάνι στὴν ἐρημιὰ
πέστε μου πῶς

πῶς νὰ σκύψω ἀπὸ τόσο ὕψος
μὲς στὸ κεφάλι μου
νὰ φωνάξω σιωπὴ

THE VOICE

How am I to go out into the fields
where night's chill glints
like the tooth of the wolf

how am I to leave my bed
to face the joylessness of the wind
and the murky eye of the river —

and suppose the voice is inhuman
suppose it is the Evil One abroad in the wilderness
tell me how

how do I stoop from such a height
into my head to shout
silence

D.T.

ΣΥΜΒΟΥΛΗ

Παίρνω ἀχνάρι τὸ ψηλὸ παράθυρο
καὶ κόβω τὸν ἐπιούσιο οὐρανὸ
τραπεζομάντηλο. Καὶ στὸ τραπέζι
μόνο τὸ τρυφερὸ λαγήνι
μ' ὅλες τὶς χάντρες τῆς αὐγῆς.

Μὴ βάψεις τὰ μαλλιά σου μαῦρα
μὴν τρέξεις στὴν πόρτα βιαστικὰ
μὴν κλέψεις τὴ φωτιὰ
ἀπ' τὴν ἀνάμνηση τοῦ γαρούφαλου.
Ἁπλὰ καὶ καλαίσθητα νὰ πεῖς:
καλημέρα, ἀγάπη μου.

ADVICE

I take for my pattern the high window
and cut our daily sky
into a tablecloth. And on the table
only the tender pitcher
with all the beads of dawn.

Don't dye your hair black
don't rush to the door
don't steal the fire
from the memory of the carnation.
Say, simply and tastefully:
Good morning, my love.

M.C.

Ο ΚΑΝΑΚΑΡΗΣ

Ἐκεῖ ποὺ ἀνέβαινα τὶς ἀκρωμιὲς τοῦ παραδείσου
ἤρθανε καὶ μὲ ρίξανε στὰ ριζοβούνια.
— Ἐδῶ λοιπόν, ἐδῶ νὰ στήσω τοῦ μωροῦ τὴν κούνια.

Αὐγὴ ξεκίνησα πρῶτος νὰ βρῶ στὴ μάχη δόξα
μ' αὐτοὶ τὸ πτῶμα μ' ἄφισαν καὶ τὸ κοράκι.
— Ἐδῶ λοιπόν, τοῦ γιοῦ μου ἐδῶνὰ χτίσω τὸ κονάκι.

Σὰν πρόκοψα, χορτάτος φώναξα νὰ φᾶνε κι ἄλλοι,
μὰ χρόνια δίσεχτα μ' ἀφίσανε ζητιάνο.
— Καιρὸς λοιπόν, καιρὸς τὸ γιό μου στὸ σχολειὸ νὰ βάνω.

Τώρα ποὺ ἡ παραστιὰ σβηστὴ καὶ χάσκω στὸ κατώφλι,
ἔρχεται ἀγέλαστος καὶ μελετᾶ τὴ στάχτη
ὁ κανακάρης μου, καὶ μὲ κοιτᾶ μὲ πεῖσμα κι ἄχτι.

MY DARLING SON

They caught me climbing up the slopes of heaven
and came and hurled me down to the abyss.
— Well, where's a better place for baby's crib than this?

For glory in the war I rose at dawn:
A corpse, a crow, were left me when they'd done.
— No matter, here I'll build a mansion for my son.

"Let others eat" I cried, well-fed and rich.
Then bad years found me begging for my bread.
— Well, now's the time to send my boy to school, I said.

The fire burnt out, I gape now on the porch
as my pet, sulking, comes and scans the grate
that's bare, and looks at me with spite and sullen hate.

Η ΠΥΡΚΑΓΙΑ

Μέρες τώρα καίγεται ἡ πολιτεία
κι οἱ ἐφημερίδες δὲ λένε τίποτα.
Αὐτές οἱ ἀπεργίες
οἱ ἀνεργίες
οἱ διαφωνίες τῶν κυβερνούντων
οἱ λιποταξίες
οἱ ἀποστασίες τῶν πιστῶν
οἱ ἐπαγγελματικοὶ ταραξίες
οἱ σωροὶ τὰ σκούπιδα στοὺς δρόμους
ἡ δωρεὰν διανομὴ πυροτεχνημάτων
στὰ παιδιὰ
ἡ ἀμνησία τῶν γερόντων
ἡ ἀμνηστία τῶν τρελῶν
ἡ ἀφασία τῶν δικαστηρίων —
κάτι εἴταν ἑπόμενο
νὰ ξεσπάσει.

Καὶ τώρα ἡ πολιτεία καίγεται
καὶ τὸ κρατᾶνε μυστικό.
Ἄλλοιλένε πὼς πιάσαν
ξένους πράχτορες
στὰ παλιατζίδικα τοῦ Πάνω Μαχαλᾶ
μὲ διαβατήρια νεκρῶν
καὶ μεταχειρισμένα χαμόγελα,
κι ἄλλοι πὼς ἐντοπίστηκε τὸ κακὸ
στὰ καπηλιὰ καὶ τὰ πορνεῖα
τῆς Ἀνατολικῆς Ἀγορᾶς
ὅπου φανήκαν ἄνθρωποι περίεργοι
μὲ κερωμένα δέρματα
καὶ μάτια ὀνειροπόλα

THE CONFLAGRATION

For days now the city's been burning
and the newspapers say nothing.
These strikes
workers without work
the disputes among the politicians
the desertions
the apostasies of the faithful
the professional trouble-makers
the heaped-up garbage in the streets
the distribution of fireworks free
to the children
the amnesia of the old
the amnesty of the insane
the aphasia of the law courts —
it followed that something
had to give.

And now the city is burning
and they keep it secret.
Some say that foreign agents have been caught
in the pawn-shops of the Upper Quarter
in possession of dead men's passports
and second-hand smiles,
and others say that the evil has been located
in the grog-shops and the brothels of the Oriental Market
where there appeared strange people
with waxen skin and dreaming eyes

σέρνοντας γενειάδες ψιθύρων
ὑποψίες βυξαντινῶν μαρτύρων
σκόρπια μαλάματα στὰ σεντόνια
τῶν παιδιῶν τῆς γειτονιᾶς
καὶ βάλσαμα στὸν ὕπνο τῶν γερόντων.

Ἄλλοι πάλι λένε
ἡ πολιτεία καίγεται ἀπὸ τὰ χρόνια
ποὺ τὰ θεμέλια στέριωσαν
τὴν πικρὴ ἀνάγκη τοῦ ἀνθρώπου,
κι αὐτοὶ ποὺ μουτζουρώνουν τὸ φῶς
ξόρκισαν τὸν καπνὸ καὶ τὴ φλόγα
νὰ μὴν ξεραθεῖ τὸ λαρύγγι τ' ἀηδονιοῦ
καὶ πάψουν τὰ θάματα τῶν ἐρώτων.

Φῆμες
διαδόσεις
φαντασιοπληξίες
ἐξισώσεις.
Κι ἐπειδὴς οἱ τοῖχοι πύρωσαν
τὰ δώματα καὶ τὰ πατώματα
καὶ καταπατᾶ τὸ ποδοβολητὸ
τοὺς ρεμβασμοὺς τῶν γερόντων
καὶ τὶς προφητεῖες τῶν ἰσχυρῶν,
στέλνουν μὲ τρόπο τὰ γυναικόπαιδα
στὴν ἐξοχὴ
νὰ διορθωθεῖ τὸ χρῶμα τῆς ἐλπίδας,
καὶ μετρᾶνε τὴ θερμοκρασία
καὶ σωπαίνουν ἀγέλαστοι
νὰ μὴ γίνει πανικός.

dragging beards of whispers
suspicions of Byzantine martyrs
scattered gold dust in the bedsheets
of the young folk of the neighbourhood
and soft comfort to the sleep of the old.

Others again say that
the city's been burning since
the time its foundations firmly rooted
the bitter need of man,
and those who besmirch the light
have exorcised the smoke and the flame
that the larynx of the nightingale might not dry up
and the miracles of love not cease.

Rumours
hearsay
hallucinations
rationalisations.
And because the heat from the walls
has spread to roofs and floors
and the clatter of scuttling feet
stampedes the reveries of the old
and the prophecies of the mighty,
with studied care they send the women and children
into the countryside
so that the colour of hope may be restored,
and they measure the temperature
and are grimly silent
in case panic breaks out.

Μὰ πῶς νὰ κρύψεις τέτοια συμφορὰ
ποὺ οἱ σειρῆνες διασχίζουν
τὸ νευρικὸ σύστημα
τοῦ μεσονυκτίου
καὶ διασταυρώνονται τὰ ξίφη τῶν προβολέων
στὸν ἐγκέφαλο;

Διότι τότε γίνεται συναγερμὸς
κατατρεγμὸς
καταβαθμὸς καὶ βρυγμὸς τῶν ὀδόντων
ποὺ βγαίνουν ἀναμαλλιάρες οἱ Μαινάδες
στὰ μπαλκόνια
καταξεσκίζοντας τὴ σάρκα
καὶ στάζει αἶμα κι ὠρυγὴ
πάνω στὶς ὁλονύχτιες λιτανεῖες
ποὺ κατακρημνίζουν τὸν ὕπνο τῶν παιδιῶν
καὶ παρηγοροῦν τὶς ἀγρυπνίες τῶν γερόντων.
Διότι τότε μαζεύονται οἱ καπνοὶ
στὰ κατώφλια τῶν ναῶν
κι ἀπειλοῦν τὶς συνάξεις τῶν ὀνείρων,
τότε σηκώνεται ἡ φλόγα ὀδοντωτὴ
καὶ καταβροχθίζει τὸν ὁρίζοντα
πέρα ἀπ' τοὺς θόλους
καὶ τοὺς μώλους,
τοὺς συγκοινωνιακοὺς κόμβους
καὶ τὶς φρεναπάτες τῶν ἐφημερίδων.

But how can you hide calamity such as this
when the sirens tear through
the nervous system
of midnight
and the searchlights cross swords
inside the brain?

Because then there spreads wild alarm
headlong rush and persecution
descent into darkness and gnashing of teeth
when the Maenads come out wild-haired
onto the balconies
tearing at the flesh
and blood drips and howling
down upon the night-long litanies
that demolish the sleep of children
and console the wakefulness of the old.
Because then the smoke gathers
on the thresholds of the temples
threatening the congregations of dreams,
then the flame rises with savage fangs
and devours the horizon
beyond the domes
and the jetties,
the crossroads
and the illusions of the newspapers.

M.C.

Η ΠΑΡΑΜΟΝΗ ΤΗΣ ΚΥΠΡΟΥ

Βγαίνει ἀπ' τὸ κάστρο τὸ φεγγάρι
καὶ καρφώνει τὸ σπίτι γυμνὸ
στὴν πλαγιά.
Ἀνάμεσα στὸ λίκνισμα τοῦ μωροῦ
καὶ τὸ θρῆνο τοῦ γρύλλου
ἀναστενάζουν ἀλίμονο,
ἀναστενάζουν τὰ ὄνειρα τῶν βαρβάρων.

Καὶ σταματᾶ ἡ γυναίκα
ν' ἀφουγκραστεῖ.
Γιατὶ αὐτὸς ὁ λύκος
παιδάκι μου
μήτε πεινᾶ μήτε διψᾶ
παρὰ θυμᾶται καμιὰ φορὰ
τὸ μοιρολόι τῆς μάνας του
νὰ καλπάζει ματώνοντας
στὰ σάβανα τῆς βορινῆς αὐγῆς
ἴσαμε τὶς παράξενες θάλασσες
ποὺ παγώνουν τὴν καρδιὰ τοῦ ἀνθρώπου,
κι ἀσπρίζει τὸ κόκαλο ἀτίθασο
στὴ μισερὴ φαντασία του
καὶ κατεβαίνει ἀπελπισμένος
παιδάκι μου,
καταβαίνει ἀπελπισμένος
τὶς ρεματιὲς
νὰ δαγκάσει τὴ φωνὴ στὸ λαιμὸ τοῦ γρύλλου.

CYPRUS EVE

The moon rises from the castle
and nails the house naked
to the hillside.
Between the rocking of the cradle
and the cricket's song
there sigh unborn,
there sigh barbarians' dreams.

And the woman stops
to listen.
Because this wolf
my child
neither hungers nor thirsts
only remembers his mother's dirge,
the bleeding dash
into the shrouds of nordic dawn
far as the strange seas
that freeze men's heart,
and the bone gleams
white and indomitable
in his stunted imagination
as he comes down desperate
my child,
comes desperate
down the torrent beds
to savage the song in the cricket's throat.

Στυφὸ φεγγάρι ρεμπέτικο
καὶ μακρινὴ θλίψη
τῆς Παναγιᾶς —
ποιὸς νὰ κοιμήσει τὸ παιδὶ
πού 'ναι πικρὸς ὁ ὕπνος;
Ξόρκι δὲν ἀπομένει βυζαντινὸ
στὴν Ἁγια Τράπεζα
κι οἱ πολεμίστρες χτενίζουν ἀλίμονο,
χτενίζουν τὰ μαλλιὰ τῶν ἀνέμων.

Astringent moody moon
and distant sorrow
of Our Lady —
how does one put a child to sleep
now that sleep is bitter?
No exorcism remains
on the Holy Altars of Byzantium,
and the battlements are combing,
combing the hair of the winds.

D.T.

ΣΙΝ ΚΗ-ΤΣΗ

Ὁ ξεπεσμένος Κινέζος πολεμιστὴς
κάθεται στὴ στρωσιά του καὶ παραμιλᾶ
τὸν 12ο αἰώνα π.Χ.
Γύρω ἀπ' τὸ πικρὸ γιατάκι του
λουφάζει τὸ πεινασμένο ποντίκι
μ' αὐτὸς κοιτάζει ἀλλοῦ.
Κοιτάζει τὴ νυχτερίδα
ποὺ σπαρταράει παγιδεμένη
στὸ φῶς τῆς ξαφνικῆς αὐγῆς
καὶ δὲ σηκώνεται
νὰ φράξει τὰ παράθυρα,
νὰ φέρει νερὸ καὶ ν' ἀνάψει τὴ φωτιά,
μόνο θυμᾶται τὰ ψηλὰ βουνὰ
καὶ τὰ πλατιὰ ποτάμια
τῆς ἀφανισμένης πατρίδας του
καὶ καταπίνει τὸν ξερό του λυγμό.

XIN QI-JI

The Chinese warrior, down on his luck,
sits on his palliasse talking to himself
in the 12th century B.C.
Around the bedding of his bitterness
pants the hungry mouse
but he looks elsewhere.
He stares at the bat
fluttering trapped
in the light of a sudden dawn
but he does not get up
to stop up the window
to fetch water and light the fire,
but thinks of the high mountains
and the broad rivers
of his vanquished homeland
and swallows his dry sob.

D.T.

ΠΡΩΪΝΟ ΝΑΝΟΥΡΙΣΜΑ ΓΙΑ ΕΝΑ
ΑΡΡΩΣΤΟ ΠΑΙΔΑΚΙ

Μὴ βλέπεις ποὺ κάθομαι ἥσυχα
κι ἀκουμπῶ στὰ γόνατά μου
καὶ δὲ μιλῶ. Μὴ θαρρεῖς
πὼς δὲ μὲ νοιάζει, παιδάκι μου.
Ἐπειδὴς τὸ παράπονό σου ἐπίμονο
σὰν πεινασμένο πουλὶ
ραμφίζει τὴ σκουριὰ τῆς σκεπῆς μου
κι ἡ ὀργή μου εἶναι μεγάλη,
θὰ σηκωθῶ μιὰ μέρα καὶ θὰ βάλω τὶς φωνὲς
στὸ κατώφλι τοῦ Θεοῦ
νὰ ξεσηκώσω τὴ γειτονιὰ τῶν ἀγγέλων.
Καὶ θὰ μὲ μπάσουνε νὰ πῶ τὸ δίκιο σου
καὶ τὸ δικό μου. Θὰ δεῖς.
Θά δεῖς ποὺ θά πνίξω ἐγὼ
τὶς ἀράχνες ποὺ βαστοῦν τὰ παράθυρα
τῆς νύχτας
καὶ φοβᾶται ὁ ἀέρας καὶ κρύβεται
καὶ ροχαλίζουν σὰ σφαχτὰ
τὰ σωθικὰ τῶν μικρῶν παιδιῶν.

Μόνο κοιμήσου ποὺ ξενύχτωσε
καὶ νανουρίζει στὴ μάντρα της ἡ Αὐγὴ
τὸ κάθε ἀστέρι.
Σώπα ποὺ σώπασαν
τὰ κουδουνάκια στὸν οὐρανὸ
κι ἐγὼ θὰ μηνύσω τῆς μάνας μου
κι ἂς εἶναι τόσο γριὰ

MORNING LULLABY FOR A SICK CHILD

Don't stare at me in my stillness
hunched in this chair
silent. Don't imagine
that I don't care, my child.
Because your complaint persists
like a hungry bird
pecking at my rusty roof
and my rage is terrible,
I'll get up one day and shout
on God's doorstep,
rouse the neighbourhood of angels,
demand to be let in
so I can plead your cause
and mine. You'll see.
You'll see me squash that spider
that lurks on the windows of night
so the air hides in fright
and children's lungs rattle
like the slit throats of beasts.

But sleep now that night has gone
and dawn is putting every star to sleep
in its fold.
Sleep now the bells of heaven are hushed
and I'll send for my mother,
for all that she's so old

ποὺ ὅλη μέρα φυλάγει τὴ δύναμή της
γιὰ νὰ ποτίσει τ' ἀγιόκλημα στὴν αὐλὴ
τὸ δειλινὸ
μὴ μαραθεῖ τὸ καλοκαίρι.

Ναί, θὰ μηνύσω τὸ δίχως ἄλλο
 στὰβουναλάκια τοῦ θυμαριοῦ
καὶ τὶς κοιλάδες τῆς πεταλούδας
ποὺ γίνεται ὁ κόμπος τῆς δροσιᾶς
νὰ μαρτυρήσει τὴ γέννηση τῶν χρωμάτων,
καὶ σωπαίνει ὁ γρύλλος
ποὺ πλημμυρίζει τὰ μάτια του
τὸ σκληρὸ δάκρυ τοῦ χτυπημένου ψαριοῦ
ποὺ λάμπει ξεχασμένο
στοῦ Εἰρηνικοῦ τὰ κοράλια.

Κι ἔναπρωὶ
μιὰ Κυριακὴ πρωὶ
θ' ἀνοίξω τὰ παράθυρα
καὶ θὰ φανεῖ ὁ ἀδελφός μου ὁ γλάρος
νὰ σηκώνεται κάτασπρος
ἀπ' τὶς μπουγάδες τῶν κάβων
μέσα στὶς γαλανὲς σημαῖες
καὶ τὶς λαμπρὲς σάλπιγγες τοῦ ἥλιου
ποὺ σπρώχνουν στὰ δώματα τριγμούς,
κρωγμούς, θρόους ἀνήκουστους.
Καὶ τότε, παιδάκι μου,
θὰ ρίξουμε τὰ σκουφιά μας στὸν ἀέρα
καὶ θὰ πετάξουμε τὰ παπούτσια μας.
Κι ὥσπου νὰ πεῖς ἀμὴν
θὰ ροβολήσουμε τὴ ρεματιὰ ὣς τὸ γιαλὸ
νὰ παίξουμε μαζὶ
ὅλη τὴν ἅγια μέρα τοῦ Θεοῦ,
ὅπως παίζουν ὅλα τὰ παιδάκια.

she hoards her strength all day
just to water the honeysuckle
in her courtyard at dusk,
lest summer should wither away.

I'll send for her without fail
in the hills where the thyme thrives
and in the butterfly glens
where the dewdrop is born
to witness the nativity of colour,
and the cricket is silent,
its eyes filled with the harsh tear
of the wounded fish,
shed and forgotten gleaming
amid Pacific coral.

Then one morning
one Sunday morning
I'll fling wide the windows
and my brother the seagull will appear
soaring gleaming white
up from the headland's wash
amid the sky-blue banners
and the bright trumpets of the sun
that thrust into the roofs of houses
creaks and croaks
and unheard-of rustlings.
And then, my child,
we'll toss our caps into the air,
throw off our shoes,
and before you can say 'Amen'
we'll race down the gullies to the beach
and all God's holy day
we'll play together
just as all children play.

Ο ΑΓΙΟΣ ΦΡΑΓΚΙΣΚΟΣ ΚΑΙ ΤΟ ΠΟΥΛΙ

Φωνάζει τοῦ πουλιοῦ ἀπ' τὸ σκοινὶ
νὰ μὴ λερώσει τὸ πουκάμισο
καὶ τὸ καθίζει στὸ δάχτυλό του
κι ὅλο τοῦ λέει καὶ τοῦ ξηγᾶ
τώρα ποὺ θά 'ρθει ἡ ἄνοιξη
καὶ πιάσει τὶς βόλτες
νὰ βλέπει παιδὶ καὶ νὰ γίνεται καπνός,
νὰ βλέπει ζευγαράκι καὶ νὰ σταματᾶ
τὸ τραγούδι (ἐρωτευμένοι καὶ ποιητὲς
τὰ παρεξηγοῦνε κάτι τέτοια)
καὶ νὰ ἀποφεύγει προπαντὸς τὰ μέρη
ποὺ μαζεύονται οἱ τουρίστες.
Κι ἄμα τὸ πιάνει τὸ μεράκι
νὰ μὴ γυρεύει περικλοκάδες
καὶ δύσκολες φυλλωσιὲς
παρὰ νὰ παίρνει τὸ δρόμο ποὺ τό 'φερε
στὴν αὐλή του μὲ τὸ δεντρολίβανο
καὶ τοὺς ἑπτὰ βαμμένους τενεκέδες
ἄσπρος γαλάζιος ἄσπρος γαλάζιος
φούλι, μοσκοκαρφιές, βασιλικός.

Καὶ νὰ ξαναρθεῖς,
νά 'ρχεσαι τακτικὰ
τώρα ποὺ λιγόστεψαν τόσο οἱ ἐπισκέψεις
καὶ σπάνια σταματᾶνε τὰ βήματα
στὴν πόρτα μου.

ST FRANCIS AND THE BIRD

He calls the bird from the clothes-line
no need for his shirt to be soiled
and sets it on his finger
and keeps giving it a sound talking-to:
now Spring's on the way
and you'll start wandering around
look out for children, make yourself scarce,
and stop singing the moment you see
a courting couple (lovers and poets
always get the wrong idea)
and above all keep away from places
where tourists are herded together.
And when you're down in the dumps
don't go looking for climbing greenery
or dense tangles of foliage,
no, take the road straight back
to this courtyard — it's got rosemary
and seven painted kero-tins
white blue white blue
jonquil, cloves, basil.

And come again
come often
now that I don't get many visitors
and scarcely a footstep stops
at my door.

Καὶ τοῦ μιλάει ὁ Ἅγιος καὶ τοῦ ξηγᾶ
μ' αὐτὸ τὸν ἀκούει
καὶ τὸ μάτι του εἶναι στὸ παράθυρο,
τὸν κοιτάει καὶ τ' ἀφτὶ του εἶναι ἀλλοῦ.

And the Saint goes nagging on
but the bird listens
with its eye on the window
or looks at him
with its ears elsewhere.

Ο ΑΡΡΩΣΤΟΣ ΜΠΑΡΜΠΕΡΗΣ

Πάνω στὴν κορφὴ τῆς Πάτμου
πᾶνε τώρα τριάντα δύο χρόνια καὶ παραπάνω,
μιὰ μέρα χειμωνιάτικη.

Βοριὰς μελανὸς καὶ σφιχτοδόντης
καταποντίζει τοὺς κάβους
στοὺς καταρράχτες τῶν ἀφρῶν,
πέφτει πάνω στὸ μῶλο καὶ ξεσπᾶ
καὶ παίρνει τὸν ἀνήφορο
μὲ χουγιαχτὰ κι ἀλαλητοὺς
ἀπειλώντας τὸ καπάκι τοῦ νησιοῦ,
σπρώχνοντας τὴ λιακάδα φοβισμένη
μὲς στὶς ἀμπαρωμένες αὐλές.
Ποῦ νὰ τολμήσεις στὰ σκιαδερὰ σοκάκια,
ποὺ στρίβουν οἱ γυναῖκες πρίμα τὶς γωνιὲς
μὲ φλοκωμένα φουστάνια
καὶ κινδυνεύουν οἱ καλόγεροι
στ' ἄσπρα μπεντένια τοῦ μοναστηριοῦ.
Μέρες σὰν κι αὐτὲς
μελανιάζουν οἱ μύτες τῶν μπεκρήδων,
χτυπᾶνε πόρτες κι ἀκούγονται κρότοι
στ' ἄδεια ἀρχοντικά.
Καὶ πότε πότε πνίγεται
κανένα καΐκι τ' ἄη Νικόλα
καὶ πᾶνε καπεταναῖοι καὶ τσούρμα,
ποὺ λένε γιὰ τὸ χαμό τους στὸν καφενὲ
κι ἀχνίζει πίκρα τῆς ἀλιφασκιᾶς τὸ ποτήρι.

THE SICK BARBER

At the top of Patmos
thirty-two years ago and more
one winter's day.

The north wind, bleak, teeth-clenching
sinks the headlands
in cataracts of spume,
falls on the breakwater and bursting forth
rushes uphill
screaming and howling
and threatening the island's lid,
thrusting the cowering sun
into bolted courtyards.
You daren't risk the sunless alleys
where women round the corners in full sail
with billowing skirts
and monks perch perilously
on the monastery's white battlements.
On days like this
drunkards' noses turn blue,
doors slam and sounds are heard
in the empty houses of the rich.
From time to time
a fishing-boat sinks
drowning captain and crew
and in the coffee-house they'd talk about the loss
amid the rising bitterness
from steaming sage-tea cups.

Μέρες σὰν κι αὐτὲς
παραδέρνουν ἀδέσποτες στὶς καταχνιὲς
ἀπό ὕπνο σὲ θολώτερο ὕπνο,
μὰ σταματᾶνε καμιὰ φορὰ στὸ ξέφωτο
κι ὅλα τὰ βλέπεις στὴ θέση τους
ζωντανά, ὅπως πάντα στὰ μνημόσυνα
τῶν ναυαγίων:
ἥλιος λειψὸς στὸ παράθυρο
καὶ μύγα κολλημένη στὸ τζάμι.
Τὸ μαντολίνο στὸ καρφὶ
μὲ τὸ βαγιάτικο σταυρό,
κουτσὴ καρέκλα καὶ δυὸ πελάτες
κουμπολογώντας στὸ ντιβάνι.
Πόλεμος, πείνα, παιδεμὸς
— ἀκούσατε κανένα νέο ρὲ παιδιὰ
κανένα νέο —

Ἀπὸ τὴ μιὰ τοῦ καθρέφτη
ἡ Ὡραία Γενοβέφα μὲ τὸ ἐλάφι,
καὶ μάχη φοβερὴ
κορνιζωμένη στὶς μακρινὲς στέππες τῆς Ἀσίας
μὲ τοὺς στρατάρχες στὶς πάνω γωνίες
μουστακαλῆδες κι ὀνειροπόλους
καθὼς τὰ κανόνια βαρᾶνε ἀλύπητα τ' ἀσκέρι
καὶ μαυρίζει τὸν κόσμο σίφουνας
ὁ καπνὸς καὶ ἡ φλόγα.
Ἀπὸ τὴν ἄλλη ἡμερολόγιο φανταχτερὸ
μέσα στὸ χρῶμα ἀκατονόητης ἀφθονίας —
μπανάνες κι ἀνανάδες καὶ λωτοὶ
ἀπ' τοῦ Εἰρηνικοῦ τοὺς μπαξέδες,
κίτρα καὶ μῆλα, φράπες καὶ φράουλες —
καὶ μὲς στὶς εὐωδιὲς καὶ τοὺς ξωτικοὺς χυμοὺς
ὁ Θεῖος μὲ τὴν ποδιὰ στὸν μπάγκο
πλούσιος καὶ σοβαρός,

Days like this
drift rudderless in the mists
from sleep to murkier sleep,
but sometimes they'll stop in a clearing
where everything is seen in its place
alive as in memorial services
for drowned ships:
wan sunlight on the window
and a fly glued to the pane.
The mandolin hung from a nail
with the Palm Sunday cross,
a rickety chair and two customers
fingering their beads on the couch.
War, hunger, suffering
— have you heard any news, boys,
any news —

To one side of the mirror
Fair Genevieve with the fawn,
and a fierce battle
framed in the far-off steppes of Asia
with field-marshals in the upper corners
mustachioed and dreamy-eyed
over the merciless pounding of the guns
engulfing the world in a tornado blackness
of smoke and flame.
On the other side, a flashy calendar
in colours of unheard-of opulence —
bananas, pineapples, lotus-fruit
from Pacific orchards,
citron and apples, grapefruit and strawberries —
and amid these aromas and exotic juices
Uncle aproned at the counter
rich and stern

νὰ τὸν ξηγᾶ ἡ χήρα στὸν ἄρρωστο
κι ὁ στεναγμός του νὰ σοῦ στραγγίζει τὴ φλέβα.

Θὰ πεῖς: τὶ γυρεύει τώρα ὁ χρόνος
καὶ πιάνει κάβους καὶ δένει κόμπους,
τὶ συνάζονται οἱ ὧρες σκονισμένες
ἀπὸ τὴν τόση ἀπόσταση
στὰ δειλινὰ κατώφλια τῶν γερόντων.
Θὰ πεῖς ἀκόμα: φίλε μου,
ἡ μελαγχολία σου εἶναι ἀγιάτρευτη
κι ὅσο ἀκουμπᾶς στὸ τζάμι
τόσο τὸ χειρότερο.
Ἄν εἶχα ἐγὼ ἀπ' τὸ δικό σου κρασὶ
θὰ γέμιζα τὸ κανάτι μου
καὶ θὰ 'βγαινα νὰ κάτσω στὴν αὐλὴ
νὰ κουβεντιάσω μὲ τὸ σπουργίτη.

Κι αὐτὸ τὸ δοκίμασα.
Καὶ μὲ πουλιὰ μίλησα καὶ μ' ἀνθρώπους.
Μὰ κι ὁ σκοπὸς καταντᾶ εὔκολος
κι ἡ κουβέντα φτιασίδι.
Κι ἄν λογαριάζεις ἀκοίμητος
νὰ περάσεις τὴ νύχτα σου,
τώρα ποὺ φέγγει ἀκόμα νὰ ξεχωρίσεις
τὶς φωνὲς
γιατὶ μπερδεύονται στοὺς πέπλους τοῦ φόβου,
καὶ σκορπᾶνε τὰ ψίχουλα τῆς ἀγάπης.
Λένε πὼς ἀρμενίζει κιόλας τὸ ἔρεβος
στὸν πλατὺ γιαλὸ
κι ἀκούω συρίγματα ἀνέμων
στὶς ξανθὲς γενειάδες τῶν ἀστερισμῶν
καὶ παφλασμοὺς ἀθάνατους
ἀπὸ τὶς ὄχθες ποὺ βασιλεύουν οἱ σεληνόφωτα
καὶ μαραίνονται οἱ εὐωδιὲς τῶν κρίνων.

subject of the widow's tales to her suffering son
whose sighs at the telling
would drain the blood from your veins.

You'll say: why does time now look
for rope-ends to pick up and knots to tie,
why do the dusty hours converge
from such a distance
on the twilight doorsteps of the old.
You'll even say: my friend
there's no cure for your sadness
and the more you lean on the window-pane
the worse it gets.
If I had some wine like yours
I'd fill my pitcher
and go outside to sit in the yard
and chat with the sparrow.

I've tried that too.
I've talked with men and birds.
But the tune grows hackneyed
and talk is a facade.
If you plan to spend
the night in wakefulness,
you'd best sort out
your voices now, while it's still light,
for they get entangled in the folds of fear
and the crumbs of love are scattered.
They say that Erebus has already set sail
on the broad sea
and I can hear winds whistling
in the pale beards of constellations,
and immortal lappings of waters
on the shores where moonlight sets
and the scent of lilies withers.

Ὥρα τὴν ὥρα θὰ φανοῦν οἱ μαοῦνες
κι εἶναι οἱ γλάροι ἀνάστατοι.
Σφίξτε τὰ ζωνάρια σας λεβέντες μου,
φτύξτε στὶς χοῦφτες σας:
ποῦ θὰ τὸ βάνουμε τόσο σκοτάδι
ἕνας Θεὸς μόνο τὸ ξέρει.

Αὐτὰ τὰ χαμπάρια μου.
Μήτε ὁ Ἐρυθρὸς Σταυρὸς ἀκούστηκε
μήτε οἱ ἀποφάσεις τῶν Μεγάλων.
Πῶς θέλεις τὶς μπάντες Δημητράκη μου —
λέγω ν' ἀφαιρεθεῖ ἡ παρένθεση νὰ φέξει
τὸ μοῦτρο σου, ποὺ 'χεις κορίτσι γραμματισμένο.
Νὰ κόψουμε λίγο καὶ τὸ σβέρκο νὰ συνηθίσει.
Νὰ ξυρίσουμε καὶ τὴ μύτη σήμερα
κὺρ Σωτήρη μου - ἐννοώντας
τοῦ κὺρ Σωτήρη τὸν πορώδη βολβὸ
ποὺ ἔμοιαζε πισινὸ κακομαδημένου πουλιοῦ,
τὰ κατσαρὰ ποὺ βγαίνουν μισορούθουνα
καὶ βάζουν τὸ δάχτυλο τοῦ ἀνθρώπου σὲ πειρασμό.
Βλέπω καὶ οἱ μύγες ζευγαρώσανε στὸ τζάμι:
λέτε νὰ 'χουμε εἰρήνη φέτος;

Ἀστεῖα μπαρμπέρικα, τρίχες.
Ὅμως εἴχανε μιὰ γλυκάδα ἤπια,
ταπεινὴ σὰν τὸ βλέμμα τῶν μαρτύρων
ποὺ κάθονται ἀνόρεχτα στὸ κάρβουνο
καὶ περιμένει ἄδικα ὁ ἄγγελος
νὰ ξηλώσει τὴ σάρκα ἡ φλόγα.

Κι ὅταν ζεσταθοῦν οἱ μέρες τὴν ἄνοιξη
θὰ ξεκρεμάσουμε τὸ μαντολίνο.
Ζαρώσανε τὰ χέρια μου οἱ βοριάδες —
σφίγγοντας τὸ δεξί του σὲ γροθιὰ
μὲ τὸ μικρὸ δάχτυλο ψηλότερο ἀπὸ τ' ἄλλα

Before too long the barges will glide in,
and the seagulls are restless on the beach.
Gird up your loins, lads,
spit on your palms:
God only knows
where we'll stow so much darkness.

That's my news.
No word from the Red Cross
or the decisions of the Great.
"How'd you like your sideburns, Dimitri my boy —
let's rub out the brackets so your face
can shine, seeing as you've an educated girlfriend.
Let's have a go at your neck, let it get used to the blade.
Shall we shave your nose today
Mr Sotiris"— meaning
Mr Sotiris's porous bulb that looks
like the backside of a badly-plucked chicken
with nostrils sprouting curly hairs
to tempt a man's fingers.
"I see the flies have mated on the window:
does that mean peace this year?"

Barber's jokes. Wet as water.
But with a certain mild gentleness,
humble like the gaze of martyrs
sitting half-heartedly on the coals
while an angel waits in vain
for the flame to unstitch the flesh.

"And when the days grow warmer in the spring
we'll take down the mandolin.
These north winds have shrivelled my hands" —
squeezing his right hand into a fist
the little finger protruding above the others

λόγω ποὺ καλλιεργοῦσε μεγάλο νύχι
ποὺ τ' ἄκουγες νὰ σαρώνει ἀνάποδα
τὶς τέσσερις χορδὲς σὰν ἀστραπὴ
προτοῦ σκεπάσει ἡ παλάμη τὴ συγχορδία.
Λεπτὴ ψυχή, ἀνόρεχτη.
Μήτε ρεμπέτικος καημὸς
μήτε χασάπικο μεράκι σάλευε
τὸν πικρὸ κόμπο τῆς νοσταλγίας του.
Ξωτικὲς μουσικές, εὐγενικὲς μελωδίες
κύρτωναν τοὺς ὤμους του
καὶ θόλωναν τὴ μακρινή του ματιά:
πενιὰ τὴν πενιὰ
ἡ Σερενάτα τοῦ Σιλβέστρι,
ἡ Σερενάτα τοῦ Τόστι,
τὰ Κύματα τοῦ Δουνάβεως.
Χτύπο τὸ χτύπο τὸ τακούνι
στὸ γυμνὸ σανίδι.

Μὰ σταθερὰ κι ἐπιδέξια τὸ ψαλίδι
πειθαρχοῦσε τὸ βλέμμα τοῦ πελάτη
ἀποκλείοντας τὴν ἄσχετη παρατήρηση:
κοψίδια καὶ πιτυρίδα στὴν ποδιὰ
πάνω ἀπὸ τὰ σκεπασμένα χέρια,
χιλιοσιδερωμένο παντελόνι
μὲ τὸ λίγο κίτρινο στὶς κουμπότρυπες,
οἱ κάτω λεκέδες τῆς γραβάτας
καὶ ἡ πατρικὴ καδένα τοῦ ὠρολογιοῦ.
Μιὰ μυρωδιὰ λιβανιοῦ
ἔβγαινε σκύβοντας ἀπ' τὸν κόρφο του.

because of the precious long nail
which you'd hear brushing backwards
like lightning over the four strings
before the chord was smothered by the palm.
A delicate, fastidious soul.
For neither the sadness of "rebetika"
nor yearning "hasapiko" tunes would shift
the bitter knot of his nostalgia.
Exotic music, genteel melodies
would bow his shoulders
and blur his distant gaze:
stroke by stroke
Silvestri's Serenade
Tosti's Serenade
The Waves of the Danube.
Beat by beat, his heel
on the bare floorboards.

But steadily and skilfully the scissors
would discipline the customer's gaze
shutting out irrelevant observation:
clippings and dandruff on the cloth
spread over hidden hands,
the much-pressed trousers
with the yellow stain at the fly,
the spots at the bottom of the tie
and the ancestral watch-chain.
A whiff of incense would emerge
from his chest as he bent over.

Μὰ στῆς πετσέτας τὸ ξετίναγμα
σὲ κάρφωναν ἀναπάντητα
τὰ πελώρια παραξενεμένα μάτια
μὲ τὴν ὠχρὴ κόψη τῆς μύτης
καὶ τὰ δυὸ δάχτυλα τὰ πιὸ φθισικὰ
στρώνοντας τὸ μουστακάκι,
πρῶτα τῆ μιὰ μεριὰ κι ὕστερα τὴν ἄλλη,
μὲ τὸ μικρὸ βήχα στὴν παλάμη
νὰ πεισματώνεται συγκρατημένος
μὲ τὶς ὑγειές σου κὺρ Σωτήρη μου,
μὲ τὶς ὑγειές σου.

Μὲ τὶς ὑγειές μας φυσικὰ
μᾶς σπρώχνει τώρα τὸ πεῖσμα τοῦ βοριᾶ
μπρὸς στὴ θολὴ τζαμόπορτα
μιὰ μέρα ποὺ χειμώνιαζε τὰ πέρατα τοῦ κόσμου.
Μ᾽ ἄδικα περιμένουμε νὰ τρίζουνε οἱ σκάλες.
Ὁ μπαρμπέρης εἶναι κατάκοιτος
κουλουριασμένος στὸ γιατάκι του
μὲ ξυλιασμένα δάχτυλα.
Ὁ μπαρμπέρης δὲ θὰ σηκωθεῖ πιά,
οὔτε τώρα οὔτε τὴν ἄνοιξη
ὅσο κι ἂν ζεσταθοῦν οἱ μέρες.
Οἱ ὡραῖες σερενάτες καὶ τὰ Κύματα
τοῦ Δουνάβεως
κρέμονται τώρα στὸ καρφὶ
μὲς στὶς ξεπλυμένες εὐωδιὲς
πάνω ἀπ᾽ τὸ στρίποδο τῆς λεκάνης
μὲ τὰ μπαρμπέρικα πλεούμενα,
τὴ λερὴ σαπουνάδα, τά χτεσινὰ γένεια,
τ᾽ ἀποτσίγαρα.
Παραπέρα, σ᾽ ἄλλο καρφί,
ἡ ριγωτὴ πετσέτα, λιγδερὴ
ἐκεῖ ποὺ σφίγγει τὸ λαιμὸ
κι ἀνατριχιάζει ἡ ραχοκοκαλιὰ τῶν αἰώνων.

But when he shook the towel
his huge puzzled eyes would nail you
over the pale edge of his nose
while the two most consumptive fingers
would stroke his small moustache,
first one side then the other,
the small cough stubbornly
suppressed in the palm —
good health to you, Mr Sotiris,
your good health.

Our good health indeed
now that a spiteful north wind
pushes us against his glass door
one day on the winter side of the world.
But we wait in vain for the stairs to creak.
The barber is laid up
curled on his bed
with wood-stiff fingers.
The barber won't get up again,
not now not in spring
however warm the days.
The pretty serenades and
the Waves of the Danube
hang now from the nail
along with the washed-out smells
above the basin-stand
with the barbers-shop debris,
dirty lather, stale bristles,
cigarette butts.
Further along, on another nail,
the striped cloth, greasy
where it fastens round the neck,
and a shudder runs down the spine of time.

ΕΠΙΣΤΟΛΗ ΕΠΙΣΤΑΤΗ

Φύσηξε ἀγέρας ἄνεμος καὶ κατεδάφισε
τὴ σειρὰ τῶν ἡμερῶν σου

κι ἦρθανε συννεφιὲς τὰ μαῦρα σύννεφα
καὶ πλημμυρίσανε τὰ διαστήματα
σαραντάμερες βροχὲς

τίποτα δὲν ἀπόμεινε τίποτα
σοῦ γράφω γιὰ νὰ πάψεις ν' ἀνησυχεῖς
γιατὶ ξέρω τὶ μίζερος ἄνθρωπος εἶσαι
σὰ νὰ κάθεσαι στ' ἀγκάθια
κι ὁ νοῦς σου ὅλο βάζει τὸ κακό.
Μπὰς καὶ δὲ μπάλωσε τὸν τοῖχο ὁ μπάρμπα Λιὰς
κεῖ ποὺ φουσκώσανε πέρυσι οἱ καγιὲς
ἀπ' τὴ μεριὰ τῆς ἀγρελιᾶς;
ν' ἀλλάξουνε τὴν ἀστοιβιὰ στοὺς φράχτες φέτος
ὅλους τοὺς φράχτες
καὶ τὶ περιμένουν ν' ἀρχίσουν τὰ κλαδέματα;
καὶ μὴν ξεχάσεις τὸ βορινὸ παράθυρο
βέβαια πῶς νὰ τὸ ξεχάσουμε
ποὺ βογγᾶ καὶ τρίζει μὲ τὰ μελτέμια
καὶ δὲ σηκώνουν τὰ νεῦρα σου.
Τραβήξατε τὴ βάρκα μὲ τὴν ὥρα σας
ἢ θὰ 'χουμε καὶ πάλι καλαφατίσματα;
καὶ τὸ πηγάδι
παίρνουν ἀκόμα οἱ γείτονες νερό;
καιρὸς νὰ τὸ σκεπάσουμε θαρρῶ
οὔτε βασιλικὸ δὲ θὰ ποτίσουμε πάλι
τὸ καλοκαίρι

AN OVERSEER'S LETTER

Gusting gales blew down
the sequence of your days

and massed clouds lowering black
filled the interstices
with never-ceasing rains.

Nothing remains nothing
I write to stop you worrying
for I know what a misery you are
sitting on thistles
and always imagining the worst.
I don't suppose old Lias patched the wall
where the drystone swelled last winter
on the side where the wild olive grows?
Get the brushwood in the fences changed this year
all the fences
and why do they wait to start pruning?
and don't forget the north window
how could we indeed
when it groans and creaks in the meltemi
and gets on your delicate nerves.
Did you beach the boat in time
or shall we have to caulk it again?
and the well
are the neighbours still drawing from it?
time to put a cover on I suppose
or we shan't even water the basil
come summer.

νὰ γίνουν τὰ γαλαχτώματα τὸ Πάσχα
ἀλλὰ δὲ θέλω σταγόνα ἀσβέστη
στὶς πλάκες τῆς αὐλῆς, ἀκοῦς;
ἀκούω

καὶ νὰ μηνύσεις τοῦ κουμπάρου σου τοῦ Νικόλα
νὰ στεγανώσει ἐγκαίρως τὰ δώματα
ἂν στάξουνε καὶ φέτος θὰ τρελαθῶ
φτάνει ὁ βήχας μου ὅλη νύχτα
κι ἐκεῖνο τὸ κάγκελο τ' ἀμπελιοῦ
ἀπὸ καιρὸ φωνάζω νὰ στερεωθεῖ
ἀπὸ καιρὸ φωνάζεις να στερεωθεῖ
νὰ μπεῖ καινούργια ἀμπάρα
ποὺ θὰ κυνηγᾶμε πάλι ὅλη μέρα
τοῦ ξένου κόσμου τὰ ζά.
Ὅλα τὰ φρόντισα
τὸ 'χω ἀκόμα τὸ τελευταῖο σου γράμμα
μπὰς καὶ μοῦ ταΐζεις πάλι τὸ σκυλὶ
βραστὰ κρεμμύδια;
σ' ἄφισα θαρρῶ ἀρκετὰ λεφτὰ καὶ πρόσεξε
νὰ ξεψαχνίζεις τὸ ψάρι τοῦ γατιοῦ.
Τὸ λάδι ποὺ μοῦ στείλατε φέτος λίγο ταγγὸ
καὶ τὸ μέλι σὰν ἀριὸ μοῦ φαίνεται
φέτος νὰ πᾶς ὁ ἴδιος στὸ λιοτρίβι
καὶ νὰ σταθεῖς ἐκεῖ ἀπ' τὸ πρωὶ
δὲν τὸν μπιστεύομαι αὐτὸν τὸν μπαμπέση
οἱ μουρμοῦρες σου δὲν ἔχουν τελειωμὸ
κι ὅλο ὑποψία ἡ κουβέντα σου
παραξενιὰ καὶ μικροπρέπεια
σάμπως κι ἐμεῖς οἱ φτωχοὶ δὲν ἔχουμε ψυχὴ
τώρα θὰ συχάσεις
καὶ καλὰ θὰ κάνεις νὰ μὴ γυρίσεις καθόλου
ἔτσι ποὺ πᾶνε τὰ πράματα.

Easter for whitewashing
but not one drop of lime
on the flagged court, you hear?
I hear.

Get on to your kinsman Nicholas
to seal the terrace-roofs
I'll go crazy if they leak again this year
coughing all night's enough
and that vineyard gate
I'm always saying get it fixed
you're always saying get it fixed
it needs a new bolt-bar
or we'll spend all day again
chasing off other people's goats.
I've seen to everything
I still have your last letter
you haven't been feeding the dog
boiled onions again?
Surely I left you enough money
and mind you bone the cat's fish.
This year's oil you sent was off
and the honey looks too runny to me
this year get yourself to the olive-press
and stay there all day
I don't trust that bastard
there's never an end to your whinges
your talk is all suspicion
nit-picking and pettiness
as if we poor folk had no feelings
you can relax now
and best you don't come back at all
the way things are going.

Τώρα φούσκωσε ἡ ὀργὴ τῆς θάλασσας
καὶ σάρωσε τὰ θεμέλια τῶν καλοκαιριῶν σου

κι ἤρθανε μέρες δύσκολες ἀπ' ἄγνωστα μέρη
καὶ οἱ νύχτες δείχνουν στραβοὺς στὸν οὐρανὸ
τοὺς ἀστερισμούς.

Now the surging fury of the sea
has swept away the foundations of your summers

harsh days have come from parts unknown
and the night reveals the constellations
askew in the sky.

Η ΕΠΙΣΚΕΨΗ

Ύστερα ἀπὸ τόσον καιρό,
τόσο χρόνο ποὺ ἂν εἴτανε ποτάμι
θὰ πελάγιζε μέσα μου
νὰ μ' ἀφίσει ἀκυβέρνητο,

ὕστερα ἀπὸ τόσες ἐφημερίδες,
βιβλία καὶ βάσανα,
τόσους πολέμους καὶ τέτοια ρήμαξη,
πῶς εἴταν ἀδελφέ μου ἀπόψε
νὰ μὲ θυμηθεῖς;

Καὶ πῶς πέρασες τὰ χαρακώματα
τὶς παγίδες, τὰ κενὰ
ὅλον αὐτὸν τὸ θάνατο
μὰ τὰ λειψά σου χρόνια τ' ἀδέξια;

Πῶς νὰ σὲ βολέψω τώρα δὲν ξέρω.
Δὲ σὲ περίμενα
καὶ θέλω νὰ κρύψω τὴ ντροπή μου
καὶ τ' ἀγαθά μου δὲ φτάνουνε
νὰ γλυκάνουν τὸ φαρμάκι.
Μήτε ἡ κουβέντα ὠφελεῖ.
Γιατὶ τὰ δικά μας λόγια
τὰ βαραίνει τώρα τόση διαφορὰ
ποὺ ἀκόμα καὶ τοὺς ἴσκιους τρυπᾶνε
σὰν τὸ καυτὸ μολύβι.

THE VISIT

After so much time
after such an age that, if it were a river,
it would flood through me
to leave me with no helmsman

after all those newspapers
books and tribulations
so many wars and such devastation
how was it, brother, that tonight
you came to remember me?

And how did you pass the trenches
the traps, the no-man's land,
all that death
with your inept, inadequate years?

How to cope with you now, I don't know.
I wasn't expecting you
and I want to hide my embarrassment
and my possessions are not enough
to sweeten this bitterness.
Even speech is not much help
because our own words
are weighed down with so much difference
that they even pierce the shadows
like hot lead.

Νά 'ξερες καημένο παιδὶ
νά 'ξερες πῶς μᾶς πλήρωσε ἡ ζωὴ
ποὺ τὴν ἀψηφήσαμε
σὰν νὰ μὴν εἴτανε δική μας,
σὰ νά 'τανε σπίτι ποὺ τὸ νοικιάζαμε
καὶ τ' ἀφίσαμε νὰ ρημάξει.

Ἔμπα μέσα ἂν θέλεις.
Κάτσε κοντὰ στὸ παράθυρο
κι ἂς μὴν ποῦμε λέξη.
Τίποτα.
Ἐκεῖ κάθομαι καμιὰ φορὰ
ὅταν τελειώσω τὶς δουλειές μου
καὶ συλλογίζομαι

καὶ πέφτει ἡ σφήκα σίφουνας
καὶ συννεφιὰ ἡ ἀκρίδα,
κι ἀπὲ σηκώνεται πλατὺς
ὁ κουρνιαχτὸς καὶ σὰ φανάρι
καμμύζει ὁ ἥλιος, παιδάκι μου,
ποὺ βγαίνουν ἴσκιοι οἱ γείτονες
θαμποὶ στὸ διακονίκι.

If you only knew, poor chap,
if you only knew how life rewarded us
for despising it
as though it were not our own
as though it were a house we were renting
and let it go to ruin.

Come in if you will.
Sit by the window
and let us not say a word.
Nothing.
That's where I sometimes sit
when I've finished my work
and brood

and the wasps come down in waterspouts
the locusts storm in clouds
and the sun flickers, brother,
like a lantern in the rising dust
as my neighbours, dim shadows,
come out to beg.

Ο ΠΑΡΗΓΟΡΗΤΗΣ

Ὥστε τελειώσανε τὰ ψέματα, ἔ;
Δὲν ξέρεις πόσο βιάστηκα μὲς στὴν κάψα.
Μηδὲ φύλλο δὲν παίζει στὴ λεύκα
κι ὁ λαιμός μου ξερὸς σὰν τὸ κόκαλο.
Κλειστὴ εἶναι, τὴν ἔκλεισα.
Καὶ τὸ παράθυρο, μὴ στεναχωριέσαι.
Ἐγὼ λέω νὰ σὲ βγάλω στὴν αὐλὴ
νὰ σὲ βρεῖ ἐκεῖ κοντὰ στὸν τενεκὲ
μὲ τὸ φούλι, νὰ δεῖς καὶ τὸ γιαλὸ
ποὺ γέμισε καγκάβες ἀπ' τὴ Μπαρμπαριά.
Χαλάει ὁ κόσμος πάλι στοῦ Ρέμπελου
καὶ τὰ πετᾶνε μὲ τὶς φοῦχτες τὰ λεφτά τους
οἱ σφουγγαράδες.
Σ' ἀκούω. Λιγάκι βραχνὴ ἡ φωνή σου,
ἀλλὰ σ' ἀκούω. Καὶ μὴ γυρνᾶς στὸν τοῖχο
καὶ κουλουριάζεσαι ἔτσι.
Μηδὲ πόλεμο φοβήθηκες στὴ ζωή σου
μηδὲ γυναίκα. Τώρα τὶ σ' ἔπιασε;
Δὲν εἶναι τίποτα θὰ δεῖς.
Αὐτὸς δὲν ἔρχεται μὲ τσάντα φορατζῆ
ἢ μὲ στολὴ χωροφύλακα.
Λένε μάλιστα πὼς εἶναι καὶ γλυκομίλητος
κι ἴσως ν' ἀναστενάξει λιγάκι καὶ νὰ πεῖ
ἔλα κακόμοιρε μαστρο-Νικόλα,
ἔλα κι ἀργήσαμε καὶ πρέπει
νὰ περάσουμε τὰ σύνορα προτοῦ σκοτεινιάσει.
Ὅσο κι ἂν τὸν κάνεις αὐτὸ τὸ δρόμο
δὲν τὸν συνηθίζεις ποτέ.
Ἔχει κι αὐτὸς τὰ δικά του, μὴ θαρρεῖς.

THE COMFORTER

So that's how the land lies?
You've no idea how I hurried in this heat
with not a leaf stirring in the poplars
and my throat as dry as a bone.
It's closed; I shut it.
Yes, the window too. Don't worry.
I've a good mind to put you out in the yard
so that he'll find you there, next to the tin-can
with the jonquil, where you can see the shore
crowded with sponge-boats back from Barbary.
All hell's let loose at Rebelos's place
with sponge-divers
chucking their money around by the fistful.
I can hear you. Your voice is a bit hoarse
but I can hear you. And don't turn to the wall
and curl yourself up that way.
You've never been scared of war or woman
in your life. What's got into you now?
It's nothing — you'll see.
He never comes with a taxman's satchel in his hand
or in a gendarme's uniform.
In fact, they say he's rather gently-spoken
so perhaps he'll just sigh a bit and say
come on, Nicolas old chap,
come on, we're running late and ought
to cross the border before nightfall.
No matter how often you take this road
you never get used to it.
You know, he's got his problems too.

Σὲ βλέπω, σὲ βλέπω —
ποῦ νὰ σ᾽ ἀφίσει τώρα τὸ μάτι μου
κακόμοιρε!
Καὶ ποῦ ᾽ναι ὁ γιός σου ὁ προκομένος;
Μὴ νοιάζεσαι καὶ θὰ γυρίσει τώρα
μόλις τοῦ πᾶνε τὸ μαντάτο
νὰ ξηλώσει τὰ στρώματα.
Ἄντε νὰ πὰ σοῦ στείλω τὴ γειτόνισσα
ν᾽ ἀνάψει τὸ καντήλι. Καὶ θὰ γυρίσω,
μὴ φοβᾶσαι. Πάω μιὰ βόλτα στὸ γιαλὸ
καὶ θά γυρίσω.

I can see you, I can see you —
don't imagine I'd take my eyes off you now
you poor bugger!
And where's that no-good son of yours?
You can bet he'll be coming home now,
as soon as he gets the message,
to rip open the mattress.
Look, I'll get the woman next door
to light the icon-lamp. I'll be back,
never fear. I'll go for a stroll on the beach
and I'll be back.

ΕΥΧΑΡΙΣΤΗΡΙΟ

Περήφανη μὲ τὶς πανσέληνες φουσκονεριὲς
στὶς μακρινὲς ἀχτὲς τοῦ Νότου
καὶ κάταστρη στοὺς πελαγίσιους οὐρανοὺς
τῆς αὐγουστιάτικης πατρίδας
εἶταν ἡ ἀγάπη σου. Δὲν τὸ ξεχνῶ,
γιατὶ μαζί σου στάθηκα φτωχὸς
κι εἶδα νὰ καταργοῦνται οἱ ὁρίζοντες.

Πότε τραβήχτηκαν τὰ νερὰ καὶ πῶς
ζωστήκαμε τὰ σύνορα, δὲ σὲ ρωτῶ.
Σὲ ξαναβρίσκω τώρα ἐδῶ, σ' αὐτὲς τὶς ξέρες
μὲ τὴ σκουριά, τὰ πλαστικὰ ἀπορρίμματα,
τὰ λάδια, τοὺς στεγνοὺς ἀφρούς,
κι ἐπειδὴς θὰ ταξιδέψουμε μαζὶ εὐχαριστῶ
τὸ Θεό, ποὺ ἀπὸ ντροπὴ στὸ μέγα ἐκεῖνο θάμβος
κάτι οἰκονόμησα γι' αὐτοὺς τοὺς μίζερους καιρούς.

THANKSGIVING

Proud with the swell of moon-flood tides
on the far-distant shores of the South,
and star-bright in the wine-dark skies
of August in my native land,
such was your love. And I do not forget,
for poor as I was I stood beside you
and saw the horizons being done away.

How the waters have ebbed and how we came
bound again within this circle, I don't ask.
Now I find you once more, here on these reefs
with all their rust, the plastic rubbish,
the oil-spills and the dried-out foam,
and since we'll travel on together I thank God
that from my shame at all that splendour
I saved something against the meanness of these times.

Ο ΧΑΜΟΣ

Ξύπνησε βήχοντας ὁ ἄγγελος.
Φέρνω νερὸ καὶ προσκυνῶ.
Μετὰ σηκώθηκε
χτένισε τὰ ὡραῖα χρυσὰ μαλλιὰ
ἔστρωσε μὲ τὴν παλάμη τὶς φτεροῦγες
κι ἔφυγε
ἴσως μὲ τ' ἄλλα θελήματα τοῦ Θεοῦ.

Σφαλῶ τὴν πόρτα καὶ κάθομαι.
Οἱ παρουσίες τοῦ δρόμου ὅλες φευγάτες
μόνο τὸ σκούξιμο παράβολης στροφῆς
κι ἡ ἐπείγουσα φωνὴ
στὰ φτερὰ τῆς τελευταίας θεομηνίας.
Τρία πράγματα μὲ ἀπασχολοῦν —
ὁ τόπος, ὁ χρόνος, τὸ γιατί.

Τὸ σπίτι φτωχὸ ἀλλὰ ὄχι ἀπέριττα
ὅπως οἱ κατοικίες τῶν ἁγίων,
οἱ ἀγρυπνίες τῆς ὑπομονῆς
γεμάτες σημάδια καὶ στίγματα.
Πῶς ξαφνικὰ λοιπὸν τὸ τριαντάφυλλο
στὸ ποτήρι τῶν ἀνωδύνων
ἡ φωνὴ τοῦ κορυδαλοῦ στὸ ὑπόγειο

THE LOSS

The angel awoke with a cough.
I brought him water and a genuflexion.
Afterwards he arose
combed his golden hair
smoothed and spread his wings
and left
perhaps on other errands for God.

I close the door and sit.
The presence of the street shut out
all but the screech of dangerous cornering
and the urgent cry
that wings the latest disaster.
Three things preoccupy me —
the place, the time, the reason.

The house is poor but not ascetically
like the dwellings of the saints,
the vigils of patience
blemished by scars and bruises.
How then the rose suddenly
in the glass of anodyne
the song of the skylark in the cellar

Σφαλῶ τὰ βλέφαρα.
Αἰῶνες κοιτάζω νὰ πυρακτώνεται
μὲς στὸ σκοτάδι τῶν ματιῶν μου
ὁ ἄγγελος
καὶ γίνεται τόσος ὁ χαμὸς
ποὺ τὸ μυαλὸ τσιρίζει καθὼς ἡ σάρκα
τῶν ζωντανῶν στῆς στάμπας τὸ σίδερο.

I close my eyelids.
For an age I watch how the angel
grows red-hot
in the darkness of my eyes
and I know such a loss
that my brain screams like living flesh
under the branding-iron.

ΕΠΙΣΤΟΛΗ ΡΩΜΑΙΟΥ ΣΤΡΑΤΗΓΟΥ

Κυρὰ τῶν ρεμβασμῶν καὶ τῆς καρδιᾶς μου
δέσποινα, Δομίτια Φούλβια, χαῖρε.
Σωστὴ κι ἡ μομφή σου καὶ τὸ παράπονο
ἀλλὰ μᾶς βρῆκε ἡ ὥρα τῆς ἀνάγκης
μ' ὅλα τὰ σχέδια ἀνάρμοστα καὶ κούφιες
τὶς φωνὲς τῶν σοφῶν, κι ἴσως θελήσουν
οἱ Οὐρανοὶ ν' ἀναβληθεῖ καὶ πάλι
τὸ καλοκαίρι. Ἀδέσποτοι οἱ καιροί μας,
δυσερμήνευτοι. Ἔπεσε φοβερὴ
θεομηνία στὶς χῶρες τῶν βαρβάρων,
ὀρδὲς ἀπ' τὶς ἀπώτερες τοῦ κόσμου
ἐρημιές, πιλαλητὸ καὶ μαχαίρι
καὶ τριγμὸς μανίζοντος πυρός, κι ἀπὲ
σιφουνικὰ καὶ ραγάνια κι ἀκάθεκτες
νεροποντές, κι ὕστερα μέγα χάσμα
στοὺς οὐρανούς, ποὺ βγῆκεν ἀγριομάτης
ἥλιος κακὸς κυρίαρχος πυρπολώντας
τὴ φλούδα τῆς ἐξουθενωμένης γῆς
καὶ τὴ φλέβα τῶν χυμῶν, καὶ τὰ πάντα
στερέψανε καὶ πλάκωσε μεγάλο
θανατικό. Καὶ παίρνοντας τὰ ζά τους
οἱ φτωχοί, καὶ τὶς ἰσχνὲς φαμελιές τους,
ἦρθανε στὸ πλατὺ ποτάμι σπρώχνοντας,
κι ἀξαίνουν τὰ πλήθη σὰν τὴν ἀκρίδα.
Ἄγρυπνοι στὰ προχώματα οἱ ἄντρες
τρῶν τὸ λαρδί τους ἀμίλητοι. Μαῦροι
καπνοὶ μᾶς ζώσανε, κεντρίζει ἡ τσίκνα
τὸ δάκρυ κι ἀλαφιάζει τὴν ψυχή σου
τ' ἀντίβουο τῆς μακρινῆς συρροῆς.
Κόρη μου σὺ λυχνάρι τῆς ἀγρύπνιας,

A ROMAN GENERAL'S LETTER

Mistress of reveries and ruler of my heart,
Domitia Fulvia, greetings.
Your blame and your reproach are just
but the hour of need has found us
with plans inadequate, and the words
of wise men befuddled. It may be heaven's wish
that once again our summer
be postponed. The times are ungovernable,
hard to interpret. A fearful scourge
has fallen on the land of the barbarians —
hordes from the furthest deserts of the earth,
the thunder of hoof, the knife,
the crackle of raging fire,
tempestuous winds and inordinate rains,
and then, unfathomable, the chasm
in the sky, bringing forth supreme
an evil wild-eyed sun to set afire
the crust of the exhausted earth
and the arteries of sap,
parching the very throat of nature.
And a great contagion arose
to oppress the land. The poor wretches
with their beasts and famished kin
come pressing at the broad river,
and the swarms increase like locusts.
Watchful on the ramparts our men
silently munch their salty pork.
Clouds of smoke encircle us, pungent,
stinging the tear, and the distant roar

χρόνος σφετεριστὴς βιάζει τὴ γέννα
αὐγῆς ἀπόξενης, κι ἕνα λυκόφως
πλημμυρεῖ τὶς γειτονιὲς τῆς ψυχῆς μου
θαμπώνοντας τῶν ἄλλων ἡμερῶν μας
τὸ χρονικό. Κρατῶ σφιχτὰ τὸ νῆμα
τῆς ἀγάπης. Γιατὶ θ' ἀλλάξουν δρόμοι
καὶ σύνορα, καὶ τοὺς χάρτες τῆς νύχτας
θὰ τοὺς χαράξουν δίχως ἀστερισμούς.
Κατὰ τὰ ἄλλα, ἡ πολιτεία λικνίζει
καμπαναριὰ κι ἀγάλματα στὸ Δούναβη,
γεμάτοι οἱ δρόμοι ἄμαξες καὶ κόσμο,
τὰ θέατρα κατάμεστα. Τὸ βράδι,
καμιὰ φορά, μὲ τῆς καρδιᾶς τὸ βούρκωμα,
βγαίνω καὶ κάθομαι στὰ μαρμαρένια
μπαλκόνια τῶν παλατιῶν, καὶ κοιτάζω
τὸ γαλαξία νὰ καίει ἀδιέξοδος
στὰ φιδωτὰ σοκάκια ἀκολουθώντας
τὴν Κλεοπάτρα νεκρή, τὸ μοιρολόι
καὶ τοῦ μακρόμαλλου δαρμοῦ τ' ἀπόφωνα,
ἢ τὴν πικρὴ συνοδεία στὸ Γολγοθά,
ξοπίσω φυστικάδες καὶ παιδάκια
καὶ φρένιασμα σκυλιῶν, καραμελάδες
μὲ παγωτὰ καὶ μαντζούνια. Ἄλλες πάλι
φορές, πέρα ἀπ' τὰ πέρατα τοῦ κόσμου
ἀκούω σάλπιγγες ἀδελφοκτόνων
ἐγερτηρίων, καὶ μαρτυρῶ θανάσιμες
πορεῖες καὶ συμβολὴ λεγεώνων
στὴν ἔρημο τῶν ὀστῶν καὶ τῆς μοίρας
τὸ βασίλειο. Αὐτά. Καὶ μὴν τὸ πεῖς
λιποψυχιά. Τῆς ἀρετῆς τὰ νάματα
θρέφουν οἱ συφορές, καὶ γρηγοροῦνε
τ' ἄρματα τῶν ἀνδρείων. Χαῖρε λοιπόν.

of the gathering hosts clutches the soul.
My darling, light of sleepless nights,
usurper time impels the birth
of an alien dawn, and dusk invades
the neighbourhoods of my heart, making dim
the chronicle of days gone by.
Tightly I grasp the thread of love,
for routes and boundaries will change
and they'll engrave the charts of night
without the constellations.
For the rest, the city cradles belfries
and statues in the Danube.
The streets packed with carriages and people,
the theatres full. Sometimes at night
my heart brims over and I sit
on marble balconies of palaces, and watch
the Galaxy that burns with no escape
in the twisting lanes
behind the corpse of Cleopatra, the distant dirge
of long-haired lamentation —
or the bitter procession up to Golgotha
with peanut-sellers in the wake, with kids
and a frenzy of dogs, vendors of
ice-cream and syrups. Other times,
from the far boundaries of the world
I hear the bugles of fratricidal reveilles
and witness deadly marches and convergence
of legions to the wilderness of bones
in fate's kingdom. That is all,
and never call it cowardice. Calamities
nourish the springs of virtue, and the arms
of brave men keep the watch. So, farewell.

Ἔξω ποδοκροτοῦν στοῦ φθινοπώρου
τὶς πρῶτες καταχνιὲς στρωμένα τ' ἄλογα
κι ὁ βερεδάριος σπεύδει. Εἴθε ἡ ἐλπίδα
κι ἡ ἀγάπη μου νὰ μὴν πεθάνουν ποτὲ
στὰ νότια κλίματα τῶν λογισμῶν σου.

Outside in the first autumnal mists
the horses stamp, already harnessed,
and the courier is eager to be gone.
God grant my hope and love may never die
in the southern climate of your thoughts.

ΑΠΌ ΤΉ ΣΎΝΘΕΣΗ
ΜΙΑ ΡΑΨΩΔΙΑ ΓΕΡΟΝΤΩΝ

Ποίημα Πρῶτο

Μεσημέρι πανύψηλο. Βραχνὸς κρωγμὸς
σκίζει τὸν ἀσβεστόλιθο
στὶς κορφὲς τῆς μνήμης
καὶ λευτερώνει τὸν πυρετὸ ρευστὸ λιβάνι
τὸ δάκρυ τοῦ σκίνου.

Στὴ γειτονιὰ τῆς θάλασσας
τὸ λίγο πράσινο, τὸ μάγγανο καὶ τὸ σκυλί.
Δαμάκια ὠχρὰ ὁ ἀνήφορος, ρηχοσποριὲς
ἀπελπισμένα μὲ τὰ νύχια τους
ὡς τὰ θεμέλια τῶν γκρεμνῶν.
Στὶς προβιὲς τῶν βελασμάτων ἀναπαύονται
φλογέρες ἀγγέλων τὰ βάλσαμα
καὶ στοὺς μαιάνδρους τῆς στοιβιᾶς
τῶν ἀγκαθώνων τοὺς ἀχνοὺς περιπάτους
περιφέρονται στοχαστικὰ ὁ σκορπιὸς
τ' ἀχεντροπούλι καὶ τὸ μυρμήγκι.

Πίσω μονάχα ἥλιος καὶ ἴλιγγος
καὶ κατακόρυφο κοράκι
ὡς τὸν πηχτὸ γιαλὸ
ποὺ χταποδάδες ἀφουγκράζονται κατάπλωρα
σκυφτοὶ μὲς στὸ γυαλὶ τῶν θαυμάτων.

FROM
A RHAPSODY OF OLD MEN

First Poem

High noon. Hoarse croaking
cracks the limestone
on the peaks of memory
and fever-freed the incense flows
in lentisk tears.

In the neighbourhood of the sea
the sparse green, the well-wheel and the dog.
Pale and shallow the terrace-patches
grimly clawing their way
up to the rocks' foundations.
On the fleece of bleating flocks
rest flutes of angels
balsam-like,
and in the brushwood mazes,
the shimmering thornbrush walks,
wander pensively the scorpion,
the lizard and the ant.

Beyond the peaks only the sun, vertigo
and perpendicular crow
down to the aspic sea where,
prow-bound, fishers of octopus intently listen
bent into the glass of miracles.

Ποίημα Τρίτο

Τὸ καλαμίδι τοῦ παιδιοῦ στὴ γωνιὰ
ἕνας σουγιὰς στὸ ράφι καὶ σταυρὸς
τῆς θάλασσας
σκεβρὰ πράματα τιποτένια
καὶ νὰ μὴν κάνεις πιὰ μέσα στὸ σπίτι
παρὰ νὰ πιάνεις τοὺς παραστάτες
καὶ νὰ κοιτᾶς πέρα ἀπ' τὸ δειλινό.

Καὶ μοναχὴ τ' ἀπόδειπνο νὰ κάθεσαι
μὲ δυὸ μοσκοκαρφιὲς καὶ τὴν πικρή σου σκέψη
καὶ νὰ κοιτᾶς τὸ μπουγάζι ποὺ πέφτει
ξαφνικὸ
κι ὁρμᾶ καὶ σκοτεινιάζει τὴ θάλασσα
λικνίζοντας τὸ μισοφέγγαρο σὰν τὴ ζάλη
στὸν ἑσπερινό σου οὐρανό.

Πόσο καιρὸ περίμενες κανεὶς δὲν τὸ ξέρει.
Γιατὶ ὁ χρόνος σου δὲν εἴταν ἀκόμα δικός μας
κι ἐμεῖς τὴ δίψα μας μονάχα τώρα τὴ μετρᾶμε
ποὺ ἀνάβουνε τὰ τείχη καὶ ἱδρώνει
ὁ πυρετὸς
καὶ ξενυχτᾶμε οὐρὰ στὰ βλυχὰ πηγάδια
γιὰ ἕνα τενεκὲ νερό.

Οὔτε καὶ τί περίμενες. Στοὺς τόπους μας
οἱ μέρες βιάζονται κι ἀφίνουν χάσματα
σὰν τοὺς κρατῆρες τῶν ἄστρων
νά 'ρχονται οἱ περίεργοι καὶ νὰ κοιτᾶνε
πῶς ἀνεβαίνουν στ' ἀνοιχτὰ οἱ πέρα ἴσκιοι
χωρὶς κλωστὴ
καὶ μ' ἄδεια χέρια ἀπ' τὸ βυθό.

Third Poem

The child's rod in the corner
a knife and shrivelled star-
fish on the shelf
decaying useless things
and you, the house no longer bearable,
leaning against the doorjambs
gazing beyond the dusk —

sitting alone, past supper,
with two carnations and your bitter thoughts
watching the sudden squalls rush down
the mountain pass
to darken the sea,
cradle like dizziness the half-moon
in your evening sky.

How long you'd waited, no one knows.
For your time was not yet ours
and only now do we measure our thirst
as the walls burn and fever
sweats and
all night long we queue at brackish wells
for a can of water.

Nor why you'd waited. In these parts
our days hurry by leaving chasms
like the craters on stars
for the curious to come and watch
how the shadows beyond climb up the gaps
without a thread,
empty-handed, from the depths.

Ποίημα Έβδομο

Τὸν ἔφεραν ἕνα πρωὶ
ὦ ἀβάσταχτη τῶν πρωινῶν μου
ὀμορφιὰ
οἱ παπαροῦνες ματώνουν ἀκόμα
τῆς μνήμης τὰ πατώματα
καὶ μαργαρίτες ἀσπρίζουν ἀπάτητες
τὸ μονοπάτι τῶν θανάτων.

Ὀρθὸς ἐγὼ κι ἀναμάρτητος
στῶν ἀμπελώνων τὸ σύνορο
μὲς στ' ἀγγίγματα τῶν βλαστῶν,
καὶ ξαφνικὰ τὰ μάτια του
παράφορα
τὸ βλέμμα τοῦ φοβισμένου λαγοῦ
ἀνεξίτηλα ἐπάνω μου.

Τὸν πέρασαν βιαστικὰ
στὴ μέση αὐτὸς
καὶ πάνω ἀπ' τὸν ἀνήφορο
καὶ τὴ σκόνη τῶν τροχῶν
ἡ φωναχτὴ κουβέντα χωροφυλάκων
κι ἄπρεπο γέλιο
στὰ γενέθλια τῆς ἀθανασίας μου.

Καὶ τὸν παράδωσαν στὶς ἐρημιὲς
τῆς φραγκοσυκιᾶς
πέρα ἀπ' τῶν τζιτζικιῶν τὸ παραπέτασμα
ὅπου ὁ νοῦς προσκρούεται
καθὼς τὸ περιστέρι στὴ τζαμόπορτα
καὶ πέφτει
μ' ἕνα κόμπο αἷμα στὸ ράμφί.

Seventh Poem

They brought him one morning
O unbearable beauty
of my mornings
poppies still stain with blood
the floors of memory
and daisies untrodden
cover with gentle white
the paths of death.

Erect and sinless I
on the edge of vineyards
touched by vine-shoots —
and suddenly his eyes
demented
glance of a frightened hare
indelibly upon me.

They hurried him past,
he in the middle,
and above the uphill road
and the dust of wheels
the shouting of gendarmes
and unseemly laughter
on the birthday of my immortality.

And they handed him over in
the wilderness of prickly pear
beyond the barricade of cicadas
where the mind smashes
like a pigeon against a door-pane
falling
with a blood-clot on its beak.

Κι ὕστερα ἤρθανε ποιητὲς
καὶ πλέξανε στεφάνια μὲ σύρματα
καὶ θρήνους τραγουδιῶν
κι ἔμεινα μόνος μὲ τὶς νύχτες μου
νὰ πολεμῶ ἀκατάλυτος
τὴ ματιὰ τῆς ἀνάγκης του
καὶ τῆς ντροπῆς μου τὸ στίγμα.

Ποίημα Ὄγδοο

Μαρμάρινο μαρτιάτικο ἀεράκι
ἀνατριχιάζοντας τὴν ἀπαλότατη σάρκα
πέρα ἀπ' τοὺς φράχτες ἀναντίστατων
ἀχλαδανθῶν.

Ἀπ' τὰ πολλὰ συγυρίσματα
κάτι ποὺ γλίτωσεν ἐλάχιστο,
ἕνα ματσάκι χαμόγελο χλωρὸ
χαμόμηλο καὶ ὕπνος γερόντων
στῶν πευκώνων τ' ἀναρρωτήρια —
παρηγοριὰ ἐλάχιστη
στὸ αὐστηρὸ γαλανὸ τῶν ματιῶν σου
ὁ ἀποστειρωμένος οὐρανός.

Later, poets came
weaving wreaths of barbed wire
and threnodies of song,
and I was left alone with my nights
to fight, indestructible,
the look of his necessity
and the stigma of my shame.

M.C.

Eighth Poem

A small marble-wind of March
goose-pimpling the softest flesh
past barriers of yielding
pear-blossom.

From so many spring-cleanings
a minimum of rescued things,
a sprig of green smile and
camomile sleep of old men
in pine wood sanatoria —
minimal comfort
in the austere azure of your eyes
the sterile sky.

Ποίημα Ἑνδέκατο

Μὲ τὴν κλαγγὴ τῶν ὅπλων καὶ τὴ σάλπιγγα
ζεστὴ ἀκόμα στ' ἀφτιά μου
μὲς στῶν μαγιάτικων θριάμβων τὶς εὐωδιές,
ἅπλωσα πέρα ἀπ' τὸν ἀφανισμὸ
τῶν βαρβάρων
ὣς τὶς φωτοχυσίες τῶν οὐρανῶν
καὶ τάμα κρέμασα στὸν ἄχραντο λαιμό σου
νὰ λάμπει ἀβασίλευτο
τὸ μακρινότερο ἄστρο.
Δὲν εἶχε ἡ νύχτα τίποτα πιὸ ἀκριβό.

Χάρτες παλιοὺς καὶ χρονικὰ κουρσάρων
στὰ μοναστήρια σπούδαξα
κι ἔπη λαῶν καὶ θάματα μαρτύρων,
κι ἕνα πρωὶ μέσα ἀπ' τῶν πλοίων τὰ ἐρείπια
τὰ νικητήρια βούκινα
μὲ τ' ἄσβηστο λυχνάρι τῶν πυρετῶν μου
κατέβηκα, κι ἀπ' τὴν ποδιὰ τῆς ἄβυσσος
τὸ πιὸ ἀκριβό της κούρσεψα μαργαριτάρι
νὰ πλουτιστεῖ τὸ μέτωπο τῆς νιότης σου
στὸν αἰώνα τὸν ἄπαντα.

Κι ἀπ' τὰ πελάγη καὶ τῶν βαρβάρων τὶς ἐρημιὲς
ὅπου στεγνὸ λάμπει τὸ κόκαλο
καὶ δίχως δέντρο μουρμουρίζει ὁ ἀγέρας,
στὰ μακάρια βουνὰ τῶν νησιῶν
ποὺ θεραπεύουν τῶν ἁγίων τὰ βότανα
ξενύχτησα, ὣς νὰ προδώσει ἡ πέρδικα
τὴν ἀκριβὴ πηγὴ τῆς δροσαυγῆς
νὰ πάρω κι ἀπ' τὶς φοῦχτες μου νὰ πιεῖς
μὴ μαραθεῖ τὸ γέλιο στὰ χείλη σου
καὶ μείνουν ἀβλόγητοι οἱ καημοὶ τῶν ἀνθρώπων.

Eleventh Poem

With the clangour of arms and the trumpet
still burning in my ears
amid the sweet scents of maytime triumphs,
I reached beyond the destruction
of the barbarians
to the illuminations of heaven
and hung, a votive gift, on your immaculate neck
where it might blaze unquenchably,
the most distant star.
Night had nothing more precious than this.

In monasteries I studied
ancient maps and corsairs' chronicles
epics of nations and martyrs' miracles
and one morning among the wrecks of ships
and the conch-horns of victory
with the inextinguishable lamp of my desire
I descended, and from the lap of the abyss
I pillaged its most precious pearl
to enrich the brow of your youth
for all eternity.

And from the sea and the barbarian wilds,
where the bone gleams dry
and the wind rustles through a treeless land,
on the happy island-hills
where the herbs of saints bring healing
I kept watch, until the partridge should betray
at dawn its precious spring
that you might drink from my cupped hands
and the smile not wither on your lips
to leave the sorrows of mankind unblessed.

Ποίημα Δωδέκατο

Τί ξεχειλίσματα τῶν ἀνθήρων
τί βάλσαμο τὰ μελαγχολικὰ ἀπογεύματα
τῆς γιασεμιᾶς

τί ψίθυροι ποιητῶν
κι εὐλογίες ἀθάνατων ἐρώτων
στοὺς θολωτοὺς περιπάτους τῶν οὐρανῶν

τί ἐξαίσιες μαρμαρυγὲς πελάγων
τί μάρμαρα κι ἀνάβαση φτερῶν
στὴν πρόσοψη τοῦ φωτὸς —

κανεὶς δὲ θά 'ρθει πιὰ ἀπ' τὶς πέρα ἀχτὲς
λεβέντης στὸ κατώφλι νὰ φωνάξει
καλὴν ἑσπέραν ἄρχοντες

ἀπ' τὶς κορφὲς τῶν Μαραθώνων
ὅπου ἀγρυπνήσατε
σᾶς στέλνει χαιρετίσματα ἡ Πούλια Αὐγὴ

κι ἀπ' τῶν μπαξέδων τὶς ἀγέραστες δροσιές
στὴν Πόλη ποὺ κουρσέψατε
σᾶς χαιρετάει τ' ἀηδόνι.

Twelfth Poem

What overflowing of anthers
what balsam the melancholy jasmin
afternoons

what whispering of poets
and blessings of immortal loves
in the domed walks of heaven

what exquisite shimmers of waters
what marbles and ascension of wings
on the facade of light —

from the far shore will come to my door
no man in pride of youth to call
God bless all here

from the peaks of the Marathons
where you kept watch
the Pleiads of dawn salute you

and from the gardens' ageless cool
in the City you pillaged
the nightingale sends greeting.

ΤΡΙΆΝΤΑ ΠΟΙΉΜΑΤΑ ἈΠΌ ΤΟ ΒΙΒΛΊΟ ΤΩΝ ἘΠΙΓΡΑΜΜΆΤΩΝ

THIRTY POEMS FROM
THE BOOK OF EPIGRAMS

ΣΤΟΝ ΑΝΑΓΝΩΣΤΗ

Ὄργωσα τὰ βουνὰ τῆς ἐρήμου καὶ ἄρδεψα
    τὶς ἁλικιὲς τῆς ἐξορίας σου. Χρόνια
σ' τὸ λέω καὶ κάνεις τὸν κουφό. Ἀπ' τῶν ἀφτιῶν σου
    τὴ βουὴ καὶ τοῦ μυαλοῦ τὸν ἀντίλαλο
γλίτωσα τὴ φωνὴ τοῦ πουλιοῦ καὶ τὰ συμπεράσματα
    τῶν ἀνέμων, νά μετρηθοῦν σωστὰ
τὰ ἀγαθά σου. Μὰ τώρα λὲς πὼς σ' ἀδίκησα
    στὰ παζάρια τοῦ χρόνου — ἐγώ,
ποὺ μελετῶ κάθε πρωὶ τὰ κατακάθια τῶν
    ὀνείρων σου, νὰ δεῖς τ' ἀχνάρια
τοῦ βραχνᾶ.Ἔτσι ποὺ πᾶμε φίλε μου
    οὔτ' ἐσὺ θὰ δεῖς προκοπὴ
οὔτ' ἐγώ. Ἀκόμη καὶ τὴν προσευχὴ ποὺ σὲ μάθανε,
    κι αὐτὴν ἐγὼ σοῦ τὴν λέω.

TO THE READER

I ploughed the mountains of your desert and watered
    the salt-pans of your exile. For years
I've been telling you but you've been acting deaf.
    From the noise in your ears, the echoes in the brain,
I rescued the birdsong and the conclusions
    of the winds, that your goods might be counted up
correctly. But now you say I cheated you
    in the market-places of the years — I
who every morning pore over the dregs of your dreams
    to let you see the traces of
the nightmare. The way we're going my friend
    you won't prosper in this world
and nor will I. Even the prayer they taught you,
    even that you had from me.

ΝΥΧΤΕΡΙΝΟ

Στὸν ἀντιθάλαμο τοῦ ὕπνου αἰωροῦνται οὐρὲς
    ἀρουραίων ἀκροπρεπίδια τοῦ μανδραγόρα
πικρὸ τὸ ποτήριον κι εὐπρόσδεκτο τὸ νανούρισμα
    τῆς νυχτερίδας ἀγάπη μου, σοῦ τό 'πα
δὲν ἔχει πίκρα σὰν τοῦ στίχου τὴ μουσικὴ
    ἔχει κι ἀηδόνι στὸ κυπαρίσσι
πιρόγες ἀστερόεσσες στῆς νύχτας τὰ ρέματα
    κρατᾶνε δυόσμο σεληνόλουστο
καὶ περιμένουν σεμνὰ γυναῖκες μυροφόρες
    στρατηγοί, πολιτικοί, χαφιέδες —
δὲ θέλω νὰ κοιμηθῶ ἀκόμη ἀγάπη μου
    πρῶτα νὰ μοῦ ζεστάνεις τὴ ραχοκοκαλιὰ
θὰ μποῦνε καὶ θὰ πάρουν βαθειὲς εἰσπνοὲς
    τὸ ξέρω, θὰ ρουφήξουν τὸν ἀέρα.

NOCTURNE

In the anteroom of sleep swing tails of rats
    festoons and frills of mandrake
bitter is the cup and welcome the lullaby
    of the bat my love, I told you
there is no bitterness like the music of verse
    a nightingale sings in the cypress
starry coracles on the floods of night
    waiting women shyly bearing myrrh
with sprigs of moon-drenched mint with
    generals, politicians, spies —
don't let me fall asleep my love
    first come and warm my spine
they'll come, they'll take deep breaths, I know,
    they'll swallow all the air.

ΑΣΩΤΟΣ

Φανατικὸ κουνούπι κι ἐπίμονες ἀνεδοσιὲς
    ἐπικρατοῦν ἀπόλυτα στᾶ δειλινὰ
τῆς μπουνάτσας. Τὰ βράδια ἔρχονται νωρίς,
    ὅλο μουρμούρα. Οἱ μέρες μας
δὲν εἴτανε ποτὲ πλούσιες — μὰ τώρα!
    Τὸ βόδι πετσὶ καὶ κόκαλο
καὶ ἡ γίδα δὲ φτάνει οὔτε γιὰ τὸ μωρό.
    Γι' αὐτὸ νὰ λάβεις τὰ μέτρα σου.
Χτὲς εἴδανε τὸν Ἔρωτα στὸ παζάρι
    ἀγνώριστο μὲς στ' ἀποφόρια, γερασμένο.
Νά 'ρθεῖς φυσικά, ἀφοῦ τ' ἀποφάσισες,
    μὰ ὅ,τι θυμᾶσαι νὰ τὸ ξεχάσεις.

PRODIGAL

Fanatical mosquitoes and persistent fetid stench
    hold absolute dominion
over the twilight bogs. Evening comes early
    full of mutterings. Our days
were never rich — but now!
    The ox is skin and bone and the goat
barely yields enough for the baby. Therefore
    make no rash decision.
The other day Eros was seen in the market-place
    unrecognised in cast-off clothes,
grown old. Come of course since you insist, but
    whatever you remember, now forget.

ΒΡΟΧΗ

Μ' ἔσπρωξαν οἰμωγὴ ὁ ἄνεμος κι ἀνάσταση
    χυμῶν στοὺς ἀνοιξιάτικους δρυμοὺς
καὶ ἴσαμε τοῦ ἥλιου τὰ ἀκραῖα φράγματα
    καὶ ὅπου ἀνταριάζουν οἱ κυματωγὲς
πέρα ἀπ' τὶς κάτω πλαγιὲς τοῦ Ἰσημερινοῦ
    βγῆκα καὶ πάλι νὰ σὲ γυρέψω —
ἄδικα ἀγάπη μου δὲν εἴσουν πουθενὰ
    ἐφημερίδες γεμάτες βάσανα
μοῦ φέρνεις καφὲ καὶ μιλᾶς γιὰ τὴ βροχὴ
    σ' εὐχαριστῶ μ' ἀλλιῶς δὲ γίνεται
δὲν εἴσουν πουθενὰ τ' ἀνέμου, τῆς ἀνάστασης,
    μέσα στὸ πούσι τῆς βροχῆς.

RAIN

Pushed by moaning winds and ascending sap
    in the forests of the spring
I wandered to the furthest barriers of the sun
    and where the thundering surf
breaks beyond the southern equatorial slopes
    to seek you once again —
in vain my love you were not there
    newspapers full of ghastliness
you bring me coffee and talk about the rain
    I thank you but it's no use
you weren't there in the wind, in the ascension,
    in the mists of rain.

ΑΣΩΤΟΣ Β΄

Χρειάζεται νοικοκυριὸ καὶ μάτια τέσσερα.
     Σοῦ τό 'πα κι ἄλλοτε. Περνᾶμε
ἀπάνθρωπους καιρούς, ἀκόμα καὶ οἱ τράπεζες
     θὰ ζοριστοῦν, κι ἔχει πολλοὺς
ποὺ ψάχνουν κιόλας στὰ παλιά τους τεφτέρια.
     Δὲν εἶναι ὥρα γιὰ δάνεια.
Βολέψου ὅπως μπορεῖς. Στὰ περιθώρια
     τῆς ἀγρυπνίας καὶ τοῦ ὕπνου τὰ σύνορα
περιφέρονται ὕποπτα σχήματα καὶ σκιές,
     κι ἂν βάνεις τ' ἀφτί σου κι ἀφουγκραστεῖς
στῆς νύχτας τὶς ρωγμὲς θ' ἀκούσεις ψιθύρους
     θανάσιμους. Ἄκου ποὺ σοῦ μιλῶ.
Πάρ' τὰ παιδιά σου καὶ πήγαινε στὴν ἐξοχή.
     Περάσανε τὰ χρόνια τῆς σπατάλης.

PRODIGAL II

It's time for parsimony and circumspection.
    I told you before. We're going through
inhuman times. Even the banks will feel the pinch
    and already many merchants scour
their dusty books for long-forgotten debts.
    This is no time for borrowing.
Manage as best you can. On the margins
    of insomnia and the boundaries of sleep
lurk dubious shapes and shadows, and if you cup
    your ears and eavesdrop
at the doorcracks of night, you'll hear deadly
    whisperings. Mark my words.
Take your children and head for the bush.
    The years of squandering are over.

ΤΟ ΨΥΓΕΙΟ

Στὶς στοὲς τῶν ψυγείων κρέμονται ἀναιμικὰ
   τὰ σφαχτά. Ξαφνικὸς κι ἐπιδέξιος
μὲ ριγωτὴ ποδιὰ στὸ σκίρτημα τοῦ φωτὸς
   ἐμφανίζεται μὲς στὰ τσιγγέλια αὐτός,
καὶ ἐπιλέγοντας γυμνότατον ἀμνὸν ἀπέρχεται
   σφραγίζοντας ξανὰ τὸ σκοτάδι.

THE CHILL-ROOM

Anaemic in the vaults of the chill-room hang
    the carcasses. Suddenly and adroitly
in striped apron where the light erupts
    he appears among the meathooks
selects a most naked Lamb and makes his exit
    sealing in the darkness once again.

ΛΑΖΑΡΟΣ

Λουσμένο, χτενισμένο καὶ ραντισμένο ροδόσταμο
    κάτσανε στὸν ὄντὰ τὸ Λάζαρο.
Τριμμένα ζαφουρὰς τὰ σανίδια, καὶ στὸ τραπέζι
    γεμάτα τὰ ποτηράκια ρακί,
γλυκὸ οἱ κεσέδες. Μιὰ χωματίλα ἀνεπαίσθητη
    διστάζει ἀκόμα στὸ παράθυρο
καὶ τὸ χρυσάνθεμο χαμόγελο λιγνόλαιμο καὶ χλωμὸ
    γέρνει ἐκστατικὰ στὸ φρόχειλο
τῆς ἄπατης ματιᾶς του. Ἀλλὰ γιατί παράκουη
    δυσανασχετεῖ ἡ ψυχή μου στῆς μαρτυρίας
τὴ σύναξη; Τί ρεμβασμοὺς ἀνασυσταθείσης σαρκός,
    τί ρεύματα ἀβύσσων θὰ ἀναχαιτίσουν
οἱ χαιρετισμοὶ τῶν πιστῶν; Πονετικές μου ἀδελφὲς
    μὲς στοὺς βασιλικούς, κι ἀγαπημένες
τοῦ Χριστοῦ μας, ἀφῆστε με νὰ μπῶ παρακαλῶ σας
    προτοῦ κοπιάσουν οἱ βίζιτες.

LAZARUS

Washed, combed, and sprinkled with rosewater
    they seated Lazarus in the front room.
The floorboards saffron-burnished and on the table
    the glasses ready-filled with raki,
the pots with jam. A breath of mould imperceptibly
    lingers still at the window —
his pale, slender-necked chrysanthemum smile
    leaning in wonder over the brink
of his unfathomable gaze. But why does my soul
    shrink rebellious from the gathering
of witnesses? What reveries of flesh restored
    what currents from the abyss will be diverted
by the greetings of the faithful? Dear sisters
    full of compassion amid the basil
and beloved of our Christ, I beg you — let me in
    before the visitors arrive.

ΠΑΡΑΓΓΕΛΙΑ

Πές της πώς σήμερα ἀποφάσισα νὰ μὴν πεθάνω
    ποτέ. Χάραξαν μονοπάτι
μὲ δίχως χτὲς στὶς παραισθήσεις τῆς αἰχμαλωσίας
    καὶ διέσχισα πυκνοὺς κελαηδισμοὺς
καὶ ξόμπλια φωτὸς μὲ τ' ἀπονήρευτο φίδι
    ἕως τὴν καρδιὰ τῆς ἀθανασίας,
καὶ εἶδα τὴν ἀγριόπαπια τέζα τὸ ράμφος
    νὰ φτερολάμνει στῆς ρεματιᾶς τὸ δίκρανο
καὶ ὡραῖο ἀπ' τῶν κρωγμῶν τὴ φρενίτιδα τὸ γεράκι
    νὰ σηκώνεται θανάσιμο σκαλώνοντας
τὶς πλαγιὲς τῶν οὐρανῶν. Πές της ὁ γιός σου
    στ' ἀκρωτήρι τοῦ θολοῦ Νοτιᾶ
κατέβηκε, κι εἶδε τὴν ἔφοδο κυμάτων
    σὰν τὰ βουνὰ τῶν νησιῶν καὶ φώναξε
θάλασσα, θάλασσα. Καὶ πές της πώς μετάνιωσε.
    Δὲν εἶταν ταπεινόψυχη. Θὰ καταλάβει.

MESSAGE

(Green Cape, New South Wales)

Tell her that I've made up my mind today that I
    shall never die. They've cut a path
without a past in the hallucinations of captivity
    and I thrust through the thickets of birdsong
and embroideries of light with the guileless snake
    right to the heart of immortality,
I saw the wild duck beak strained forward
    beating through the narrows of the ravine
and the hawk beautiful amid the frenzied squawks
    rising deadly scaling
the slopes of heaven. Tell her that her son
    came down to the spray-misted headlands
of the South and saw the onslaught of waves
    huge as island hills and cried out
The sea! The sea! And tell her that he changed his mind.
    She wasn't mean-spirited. She'll understand.

Ο ΧΩΡΑΤΑΤΖΗΣ

Δὲν εἶναι πῶς θὰ χάσω τὴ δουλειά μου κι ἀνησυχῶ.
    Μόνο σὰ σκοτεινιάζει σὲ φοβᾶμαι.
Τότε ποὺ σέρνεσαι καὶ ξαφνικά ὀρθὸς
    κολλᾶς τὴ μουτσούνα σου στὸ τζάμι
κι ἀγριεύεται ἡ ψυχή μου στῆς λάμπας τὸ μισόφωτο,
    ἢ ποὺ σκαλώνεις τὰ μαλλιά τῆς νύχτας
μὲ τοῦ γιαλοῦ τ' ἀντίβουο καὶ τ' ἀγέρα τοὺς τριγμοὺς
    νὰ βάνεις τ' ἀφτί σου στὴ τσιμινιέρα
καὶ μὲ τῆς πόρτας τὸ ξεμπάρωμα πέφτει τὸ βῆμα σου
    μυστικὸ ἀπ' τὸ δῶμα στὸ παραστράτι,
ἢ τότε ποὺ σηκώνεις τὸ καπάκι τοῦ βραχνᾶ
    καὶ βγαίνουν θυμωμένα τὰ ξόανα
καὶ μαγαρίζουνε τὸ αἷμα μου καὶ γίνεται πικρὸ
    σὰν τὸ φαρμάκι. Μάλιστα,
δὲν εἶναι πῶς θὰ φᾶς τὸ ψωμί μου καὶ σὲ φοβᾶμαι.
    Τὸ ξέρω πὼς ἔχεις πολλά.

THE PRANKSTER

I'm not too worried you might lose me my job.
    It's only at night that I fear you.
That's when you crawl about then suddenly stand up
    and stick your ugly mug against the pane
and my soul is wild with fear in the dim lamplight,
    or when you crawl your way up night's hair
in the rumbling of the surf and the groaning wind
    to put your ear to the chimney
and when the door's unbolted your tread drops stealthy
    from the roof-eaves to the lane,
or when you lift the nightmare's lid and screaming mad
    the obscene creatures of the dark pour out
to foul my blood and make it poison-bitter. No,
    it's not that I'm frightened
that you're trying to snatch the bread from my mouth.
    I know how rich you are.

ΕΚΛΟΓΕΣ

Σκόρπισαν οἱ συναγερμοὶ καὶ πάψαν οἱ καμπάνιες,
   οἱ καμπάνες, τῶν ἐφημερίδων οἱ ἀλαλαγμοί.
Μιὰ ἠρεμία ἀνησυχαστικὴ βασιλεύει στὴ χώρα
   κι ἀκοῦς τὸν παλμὸ στὸ λαιμὸ
τῆς ἐλπίδας, τὸν ψίθυρο τοῦ φόβου στοὺς θαλάμους
   τῆς καρδιᾶς. Οἱ αὐστηροὶ ἡγέτες,
τώρα ποὺ σώθηκεν ὁ λοῦστρος τῶν φράσεων
   τραβήχτηκαν στὰ ξοχικά τους σπίτια
νὰ μοιραστοῦν καὶ νὰ μοιράσουν δίκαια τὸ μέλλον.
   Ὁ κόσμος περιμένει ἀλλαγές.

ELECTIONS

The mass meetings have dispersed; the campaigning,
    the bell-ringing, the editorial thunderings are over.
An uneasy quietness reigns in the land
    and you can hear the pulse in the neck
of hope, the whisper of fear in the chambers
    of the heart. Now the polisher of phrases
has done, the stern unsmiling leaders
    have withdrawn to their country properties
to claim their share of, and portion out, the future.
    The people are waiting for changes.

ΣΑΝ ΤΡΑΓΟΥΔΑΚΙ

Ὅποιος θέλει νὰ μὲ δεῖ
τόνε βάνουν φυλακὴ
καὶ περνάω σὰν νά 'ταν σκόλη
τὸν καιρό μου στὸ περβόλι.

Ὅποιον πάω ἐγὼ νὰ δῶ
μοῦ μηνάει πὼς δὲ 'ν' ἐδῶ
καὶ στῆς νύχτας τὴν ἀγκάλη
κλείνομαι νωρὶς καὶ πάλι.

VISITING

(In the manner of a folk-song)

Whoever comes to visit me
they seize and lock him in the clink
while I, as if on holiday,
in my garden sit and think.

They're out if I would visit them
and I send them word in vain,
so within night's loving arms
I'm locked up early once again.

ΥΠΟΣΧΕΣΗ

Τὴν ἡμέρα μάχονται οἱ φωνὲς μὲ τὰ χρώματα,
        τίποτα δὲ θυμίζει ἀκόμη
τὸ σκληρὸ θάμβος ποὺ τυφλώνει. Ἡ νύχτα
        φανερώνει τὴν Ἄρκτο καὶ τὸν Ταῦρο
στοὺς οὐρανούς, τὸ Σκορπιὸ ἢ τὸν ἄγρυπνο Ὠρίωνα,
        καὶ τ' ἀστέρια γίνονται στολίδια,
γρίφοι ποὺ κυβερνᾶνε τὸ ριζικὸ τοῦ ἀνθρώπου,
        ὑπολογισμοί. Μὴν τὴν παρεξηγεῖς
λοιπὸν τὴ σιωπή μου. Θέλω νὰ σοῦ μιλήσω
        μὰ σὰν τὸ φύλλο τὴν ἄνοιξη,
σὰν τὸν κορυδαλλὸ τὴν αὐγή. Νὰ μελετήσω
        ἄλλο ἀλφάβητο, νὰ σοῦ ξηγήσω
μὲ κατακόρυφη φωνὴ τὰ συναγμένα βότσαλα
        στὶς ὄχθες τῆς ψυχῆς σου καὶ τῆς φαντασίας
τὰ σύνορα, στοῦ χρόνου τὶς παλίρροιες δουλεμένα
        ἕως τὴν τελειότητα τῆς ὑπομονῆς.

PROMISE

By day the voices clash with colours
    nothing yet recalls
the harsh and blinding brightness. The night
    reveals Arctus and Taurus in the heavens,
Scorpio and the watchful Orion,
    and the stars become decorations,
riddles which govern the fate of men,
    calculations. So don't misunderstand
my silence. I want to speak to you
    but like the leaf in springtime,
like the skylark at dawn. I need to study
    another alphabet, to explain
with perpendicular speech the heaps of pebbles
    on the shores of your soul and the confines
of imagination, worked by the tides of time
    to the perfection of patience.

Η ΕΠΙΣΤΡΟΦΗ

Σαράντα χρόνια τελειωμένος ὁ πόλεμος
κι ἀκόμη νὰ κατεβάσεις ἀπ' τὸ σύρμα τὸν ἐχθρό.
Ποιὸς ἄνοιξε τὴν πλάτη του καὶ βγήκαν ἀνάποδα
τὰ πλεμόνια; Δὲ βαρέθηκες τὸ ρηχό του βογγητὸ
μιὰν ὁλόκληρη ζωή; Σοῦ μήνυσα ν' ἀδειάσεις
τὸν κουβὰ μὲ τὸ μπράτσο καὶ τ' ἄλλα ἀποκόμματα,
νὰ στουπώσεις ὅλες τὶς χαραμάδες. Τὸ σπίτι
βρωμάει σὰ χασαπιό. Οὔτε τὶς τρύπες
δὲν ἔφραξες στὸ κατώι, καὶ ποιὸς ξέρει
τί θά μᾶς παρουσιαστεῖ ξαφνικά. Δὲ μ' ἀρέσει
καθόλου ὁ καιρός. Ἤδη ὁ ὕπνος μου
κάνει νερὰ κι ἀνακλαδίζονται ἀποκλαμοὶ
στὸ σκοτάδι. Λυπᾶμαι ποὺ τὸ λέω ἀδελφέ μου,
μὰ ἐδῶ ἐγὼ δὲν κάνω καλοκαίρι.
Στὰ χρόνια μας χρειάζεται καὶ κάποια προσοχή.

THE RETURN

The war's been over now for forty years
and you've still to take the enemy off the wire.
Who opened up his back so that his lungs hung out
from behind? Haven't you tired of his shallow moans
in a whole lifetime? I sent you word to empty out
the bucket with the arm and other bits,
to stop up all the cracks. The house
stinks like a shambles. You haven't even sealed
the holes in the cellar and who knows what
might suddenly creep out on us? I don't like
this weather at all. Already my sleep is taking
water, and there are tentacles stretching out,
feeling in the dark. I'm sorry to tell you,
brother, but I'm not spending summer here.
At our age some caution is called for.

Ο ΧΛΩΜΟΣ ΙΠΠΟΤΗΣ

Ξεπέζεψε ὁ Χλωμὸς Ἱππότης στὸ καπηλιὸ
καὶ πῆρε βόλτα τὴ γειτονιὰ μὲ τὸ δισάκκι
τὶς παλιές του φυλλάδες. Τὶ τύχη ρὲ παιδιὰ
νὰ λείπει ὁ κόσμος, κι ἡ ἄνοιξη νὰ κάθεται
μονάχη στὸν μπαξὲ μέσα στὰ τούλια
καὶ τὰ ξόμπλια τῶν πουλιῶν. Μόλις μᾶς ἔφυγε
περαστικὴ ἡ βροχή.Ἕνα γειά σου
στὸ παράθυρο, κι ἔγινε πολυέλαιος, γιορντάνι
σὲ τσιγγάνικο λαιμό, φολίδωμα σαύρας.
Δὲ στάθηκε καθόλου στὸ κάγκελο. Προσπέρασε
σκυφτὰ παραμιλώντας σὰ ζητιάνος, ντυμένο
σάρκα τὸ κόκαλο. Κι εἶχε, τ᾽ ὁρκίζομαι,
γαρούφαλο στ᾽ ἀφτὶ τὴν εἰρωνία τῆς καρδιᾶς μου.

THE PALE KNIGHT

The Pale Knight dismounted at the inn
and made his rounds of the neighbourhood
with his saddlebag of old pamphlets. What luck
that the people should all be out, and Spring
should sit alone among the garden's gossamers
and the traceries of birds. The passing rain
had barely left us. One hello at the window
and it became a chandelier, a necklace
round a Gypsy throat, a lizard's coat of mail.
Never stopping at the gate at all, but passing by
bent and raving like a beggar, the bone
clothed in flesh, he had, I swear,
for a carnation at his ear, the irony of my heart.

Η ΠΑΝΟΠΛΙΑ

Μὲ τέτοιο λάμπος καὶ τὸ φίδι κουλουριασμένο
    στὰ πόδια μου πιστὸ σὰν τὸ σκυλί,
μὲ τὸ γεράκι περήφανο στὸν καρπὸ τοῦ χεριοῦ μου
    καὶ τ' ἄλογο καθὼς ἡ ἄνοιξη
φαλαρωμένο στὸν ἴσκιο τῆς καστανιᾶς νὰ πρεπίζει
    τῶν ἐποχῶν τὸ ψαλτήρι, μὴν τὴ
φοβᾶσαι τοῦ χρόνου τὴν ἀπειλὴ καὶ τῶν στοιχείων
    τὴν ἐπανάσταση. Ξέρω πὼς ἄρματα
πήρανε σβάρνα τοὺς ὁρίζοντες καὶ περιφέρεται
    σὰ μυστικὸς στὶς μάντρες ὁ πανικὸς
ξελογιάζοντας τὸν ὕπνο τῶν ἀνθρώπων. Μὰ ἀπόρθητη
    ἀμφισβητεῖ ἡ πανοπλία μου τοῦ χρόνου
τὴν ἁρμοδιότητα, καὶ στοὺς ἀγγέλους τῆς ἀνάγκης
    θὰ μιλήσω καθὼς μιλοῦν
αὐτοὶ ποὺ τραγουδᾶνε τὴν ἀγάπη ἀγάπη μου,
    κι αὐτοὶ ποὺ ξεγελᾶνε τὴ μοίρα.

THE PANOPLY

In such splendour with the snake coiled up
    like a faithful hound at my feet,
with the hawk proud preening on my wrist
    and my charger like the Spring
caparisoned in the walnut's shade adorning
    the psalter of the seasons, never
fear the threat of time or the uprising
    of the elements. I know that chariots of war
are scouting the horizons and that panic
    prowls like a spy within the fold
setting men's sleep a-flutter. But impregnable
    my panoply disputes time's
jurisdiction, and to the messengers of need
    I'll speak like those
who sing of love, my love, like those
    who make a fool of fate.

Ο ΑΜΑΝΕΤΖΗΣ ΤΩΝ ΨΥΧΩΝ

Στὸ παραγώνι τ' ἀποκαΐδια τοῦ χειμώνα σου,
    ὑγρὰ καὶ κρύα, φυσικά,
ἀφοῦ τὸ σπίτι τώρα 'ναι κλειστό.
    Τ' ἀγέρα ἡ κάθοδος μὲ τὸ τριζόνι
κάπου στὴν καπνοδόχη, πνιχτό. Τὰ καταγράφω
    ὡστόσο, ἂν καὶ δὲν ξέρω
τί μ' ἔστειλες ἐδῶ. Δὲ βρίσκω τίποτα,
    οὔτε φωτογραφία τῶν καλοκαιριῶν σου.
Οἱ μέρες θρίμματα, σοβάδες στὶς αὐλές,
    καὶ οἱ νύχτες σου μιὰ χούφτα
βήσσαλα, σκοτεινὰ ἀλλὰ ὡραῖα. Θὰ τὰ φυλάξω
    ἴσαμε τ' ἄλλο μου ταξίδι.

THE COURIER OF SOULS

In the hearth the cinders of your winter
    damp and cold, of course,
since the house is closed up now.
    The downdraught of the wind with the cricket
somewhere in the chimney, stifled. I record
    these things, although I cannot tell
why you have sent me here. Nothing's to be found,
    not even a snapshot of your summers.
The days, flakes of plaster in the yards,
    and your nights a mere handful
of shards, sombre but beautiful. Those I'll keep
    until I make this trip again.

ΑΝΤΙ ΠΡΟΣΕΥΧΗΣ

Ἀπ' τὶς σκοπιὲς τῆς μνήμης, τοὺς τοίχους τῆς λησμονιᾶς,
    ἀπὸ τὰ τέμπλα τῶν ναῶν καὶ τὰ ξάρτια
τῶν ἀνέμων, ὅπου κι ἂν παραμόνεψα στὴν ἀνάγκη μου
    σκυφτὴ καὶ βαρεμένη σὲ θυμᾶμαι —
καὶ στὰ λιβάδια τῶν παιδιῶν ἐπάνω τὰ κεντητά, καὶ
    στῶν γερόντων τὶς τεφρὲς ἀγρυπνίες.
Κι ἀπόφυγα νὰ σοῦ ζητήσω. Τὸ βλέπω πῶς τὴ θλίψη σου
    δὲν τὴ χωράει τὸ χέρι τοῦ ζητιάνου.

INSTEAD OF A PRAYER

From the lookouts of memory, from the walls of oblivion,
    from icon-stands in shrines and from the rigging
of the winds, wherever in my need I lay in wait for you
    I remember you stooped and wounded —
over the embroidered meadows of children
    or the ashen vigils of the old.
And I dared not ask for favour. I see that your sorrow
    can never fit into a beggar's palm.

ΣΗΜΕΙΩΜΑ

Ἄργησε τόσο νὰ περάσει ἡ μέρα
    ποῦ πῆγες λοιπὸν
εἴταν πολὺ ὡραῖα στὴν αὐλή σου μὰ
    τώρα κάνει ψύχρα
καὶ πρέπει νὰ φύγω πρὶν βραδιάσει.
    Χτύπησα τρεῖς φορὲς
κι εἴταν σὰν νά 'χε ἄνθρωπο στὴν πόρτα
    σκέψη πικρὴ ἀπαράδεχτη
κι ἔτσι θὰ φύγω τώρα δὲν πειράζει
    ἂν μπορέσω θά ξαναρθῶ.

NOTE

The day took such a time to pass
    where have you been
in your courtyard it was fine but now
    the air strikes chill
and I must leave before the evening comes.
    Three times I knocked
there seemed to be someone at the door
    bitter unwelcome thought
so I must leave now it makes no matter
    if I can I'll come again.

ΟΙ ΓΕΡΑΝΟΙ

Ἀστερολάμνοντας ἀράδα στοῦ Νοτιᾶ τὸ μονοπάτι
περνᾶνε καὶ φέτος οἱ γερανοὶ
μεσουρανὶς τῆς νύχτας μου. Δὲν ξέρω ἀπὸ ποῦ,
καὶ πῶς ν' ἀνάψω τὸ φεγγάρι.
Κρατώντας γερὰ τοῦ κρεβατιοῦ τίς κολῶνες
μετρῶ τὸ σφυγμὸ τῆς ἀνάσας σου
στὰ σκοτεινά, κοιτάζω τὰ μαλλιά σου ἀνεμόλυτα,
τὸ πρόσωπό σου σφηνωμένο στὸν ἀγέρα.

THE CRANES

Star-guided, beating along the southern trail
 this year again the flight of cranes
high in my midnight sky. I do not know
 from whence, or how to light the moon.
Holding the bedposts tight, I measure
 the pulse of your breathing
in the dark, and I see your streaming hair,
 your face wedged in the wind.

ΤΗΛΕΟΠΤΙΚΟ ΜΗΝΥΜΑ ΠΑΡΗΓΟΡΙΑΣ

Ἀβυσσαλέα βροντὴ καὶ ἄνεμος σίφουνας
διπλώνοντας σποριὲς κριθάρι τοὺς δρυμοὺς —
ὁρίζων παράφορος μὲ τὶς ἀνταύγειες τοῦ ροδιοῦ
καθὼς σηκώνεται, συμμετρικὸ καὶ ὡραῖο,
τὸ μέγα σύννεφο. Χωρὶς προσπάθεια
καταρρέουν ἀθόρυβα οἱ πύργοι τῆς Βαβὲλ
καὶ πέφτει σάβανο στὸν κόσμο ἀλισάχνη.
Ψυχὴ ἀνθρώπου. Πουθενά. Μονάχα
αὐτός, ὡραῖος μὲς στὰ λαμπρὰ παράσημα
νὰ λέει τῆς λευτεριᾶς τὸ θρίαμβο καὶ τῆς ἐλπίδας
τὴν παράταση ὣς τὰ παιδιὰ τῶν παιδιῶν μας,
στὴν ἔρημη καρδιὰ τοῦ κυριακάτικου δειλινοῦ.

TELEVISED MESSAGE OF COMFORT

Thunder from the abyss and hurricane wind
bending the forests like barley-fields —
horizon demented in pomegranate reflections
as there arises, symmetrical and beautiful,
the great cloud. Without effort,
silently, the Babel towers collapse
and on the world fall salt-dust shrouds.
A living soul — nowhere. Only he,
handsome in the glitter of decorations
telling of freedom's triumph and of hope's
extension to our children's children,
in the desolate heart of this Sunday evening.

Ο ΠΥΡΓΟΣ

Βάνω ξανὰ τὸ κεφάλι μου στὴν πολεμίστρα —
    τ᾽ ἀστέρι ἀκόμα στὴ θέση του
καὶ δὲ λέει νὰ βασιλέψει. Δὲν ἄδειασε λοιπὸν
    ὁ οὐρανός.᾽Ή μήπως τ᾽ ἄναψαν
ἄνθρωποι; Μ᾽ ἀπ᾽ τὶς λωρίδες αὐτὲς τῶν ἡμερῶν
    περνάει καβάλα ἡ σκόνη
τὸν ἀγέρα, τὸ σύννεφο ἡ βροχή. Ποτὲ
    ψυχή. Τ᾽ ἀσκέρια γέρνουνε
στοὺς τοίχους πυρετός, καὶ μοναχὰ βουὴ καὶ
    σάλαγος βραχνὰ ὣς τ᾽ ἀφτιά μου.
῍Ω διαβάτη μελλούμενε, παλαιὸς ὁ πύργος,
    ἀβέβαιο τὸ αὔριο. Νὰ ξέρεις
πῶς εἴτανε πικρὲς οἱ τελευταῖες μέρες
    στὸ χαμηλὸ σκαμνί, στείρα
παρηγοριὰ τὶς νύχτες τὸ ἀκατάληπτο ἄστρο,
    ἡ ἀπαράδεχτη αὐτὴ ἐπιμονή.

THE TOWER

Again I bend my head to the loophole —
    the star still in its place
shows no sign of setting. So the sky's
    not empty yet. Or maybe men
have lit it? But from these strips of daylight
    dust passes by astride
the wind, rain astride the cloud — never
    a living soul. Seething and fevered
the crowds lean on the walls, only the roar,
    the hoarse tumult to my ears.
You who shall pass this way, know that the tower
    was old, the morrow uncertain.
Know that bitter were the final days upon
    the low stool, and barren
comfort in the nights the inexplicable star,
    this unacceptable insistence.

ΤΟ ΠΡΟΣΚΥΝΗΜΑ

Κόμπος κερὶ καὶ ἄμμος στὰ μπρούντζινα
μανάλια τῶν ναῶν, ἡ φλόγα τοῦ στίχου
ἐγκαταλείπει τώρα τῶν ἐρώτων καὶ τῶν ἡρώων
τὰ εἴδωλα, καὶ τὸ κρασὶ πιὰ δὲ θυμώνει
τὶς νύχτες τοῦ πιστοῦ. Κάνω νὰ προσκυνήσω, μὰ
σκυθρωπάζει ὁ λόγος τῶν σοφῶν καὶ δὲ μ' ἀφίνουν
οἱ φωνές τους στ' ἀφτιά μου. Τὶ κι ἂν μπορῶ
νὰ σοῦ διαβάσω τώρα τὸ κιτρίνισμα τοῦ φύλλου,
τὰ κατακάθια τοῦ καφέ, τὰ μηνύματα τοῦ πολέμου.

WORSHIP

Now a mere knot of wax and sand
in the brazen taper-stands of the temples,
the flame of verse abandons the idols of loves
and heroes, and the wine no longer inflames
the nights of the faithful. I make to worship
but in my ears the words of the sages frown
and their voices forbid. What then
if I can read you now the yellowing of the leaf,
the dregs in coffee-cups, the messages of war.

Ο ΥΠΟΠΤΟΣ

Ἐκεῖ στὸ πεζοδρόμιο μὲ τὴν ψιλὴ βροχὴ
σ᾽ ἀποχαιρέτησα, ἡ ὥρα ἕξι τὸ βράδι.
Τί στέλνουνε τώρα ξοπίσω μου λαγωνικά;
Σᾶς λέω πὼς δὲν ὑπάρχει μαχαίρι.
Οἱ σταγῶνες τὸ αἷμα εἶναι δικές μου,
τὰ ἴχνη φέρνουν ἐδῶ καὶ πουθενά.

THE SUSPECT

There on the pavement in the evening drizzle
I said goodbye to you, at six o'clock.
Why now do they set the bloodhounds after me?
I tell you, there is no knife.
The drops of blood are mine,
the footprints lead here and nowhere.

ΦΥΓΗ

Καλπάζουνε κι ἀπόψε ἄλογα στὰ καλντερίμια
τῆς ἀυπνίας, καὶ φορᾶνε τὴ σπίθα στὸ πέταλο,
τὸν ἀγέρα στὴ χαίτη. Ὡραῖες γνωριμιές,
θὰ πεῖς, ἀπ' τὸ παλιὸ ρομαντικό σου εἰκονοστάσι.
Μὰ τὸ τίλιο δὲ φέρνει πιὰ ἀποτέλεσμα, καὶ
στὶς ρωγμὲς τοῦ λόγου σου ριζώνει ἡ τσουκνίδα.

FLIGHT

Tonight too horses gallop on the cobblestones
of insomnia, their hooves shod with sparks
the wind in their manes. Beautiful acquaintances,
you'll say, from your old romantic icon-stand.
But lime-blossom tea no longer takes effect,
and in the cracks of your speech the nettle grows.

Η ΙΕΡΑ ΕΞΕΤΑΣΙΣ

Μὲ πήρανε ποὺ λὲς καὶ μὲ κάτσανε στὸ σκαμνὶ
καὶ μὲ κοιτάζανε λυπημένα. Μοῦ φέρνουν τσάι
καὶ μὲ ρωτᾶνε πένθιμα, ὁ Πρόεδρος δηλαδή,
τὶ καπνὸ φουμάρω καὶ τοῦ λέω ἐγγλέζικο καὶ
τὸ σκέφτεται. Ὕστερα μὲ ρωτάει ἂν πιστεύω,
καὶ σὲ ποιὸ Θεό, καὶ τοῦ λέω σὲ κανένα,
φυσικά, κι αὐτὸ τὸν καταστεναχώρεσε. Μὰ πῶς
ἔρχονται λοιπὸν καὶ μᾶς λένε πὼς βλαστημᾶς;
Ἔτσι. Μιὰ μέρα θὰ σκίσω τὰ ροῦχα μου,
θὰ κάψω τὸ κλουβί μου. Καὶ μ' ἀφίσανε νὰ φύγω.
Μηδὲ μαρτύρια μηδὲ τίποτα. Τίποτα, σᾶς λέω.
Αὔριο θὰ πάω ἐκεῖ ἀπ' τὸ πρωί,
κι ἂν δὲ μὲ μπάσουνε θὰ χαλάσω τὸν κόσμο.

THE HOLY INQUISITION

Well, they took me and put me on this stool
and looked at me sadly. They bring me tea
and mournfully inquire, the President that is,
what I've got up my sleeve. My arm, says I, and
he thinks about that. Then asks me if I believe,
and in what God, and I tell him none,
naturally, and that upsets him no end. Then
why do they come and tell us you blaspheme?
God knows! One day I'll tear my clothes,
I'll burn my cage. And they let me go.
No torture, no nothing. Nothing, I tell you.
Tomorrow I'll go there early
and if they don't let me in I'll raise hell.

ΠΑΡΗΓΟΡΙΑ

Άπ' τὸ πρωὶ συλλογίζομαι τὴ χτεσινή μας κουβέντα
    καὶ θυμώνω τώρα ποὺ τράβηξα
μὲ τὸ ρέμα τῆς βαριοθυμιᾶς σου. Δύσκολος βέβαια
    ὁ χαμός, νὰ τὸν λὲς κατάγιαλα
στὶς ἔρημες καρέκλες τοῦ ἀποκαλόκαιρου νησιοῦ
    καὶ νὰ πέφτει τὸ σούρουπο σὰν τὸ δάκρυ
καὶ νά 'χεις μπροστά σου τὸ χειμώνα ὁλόκληρο
    μὲ τοὺς τέσσερις τοίχους τοῦ σπιτιοῦ
γιὰ συντροφιά. Μὰ πῶς νὰ τὸ κάνουμε φίλε μου;
    Μὲ σκέφτηκες ἐμένα στὶς δόξες σου
σὰν ἔβανες στὸν ὕπνο μου νὰ κελαηδᾶνε τὰ πουλιὰ
    νὰ μὴ θαμπώσει τῶν ἡμερῶν σου τὸ λάμπος;
Ἤ βλέπεις ποὺ συνήθισα καὶ θαρρεῖς πὼς τὸ φτωχὸ
    δὲν τὸν ἀγγίζει ἀπώλεια καὶ στερεμός;
Μπορεῖ. Ἀλλὰ τὸ νά 'χεις κρατήσει στὰ χέρια σου
    ἀξίζει τοῦ χαμοῦ του τὸ φαρμάκι.

CONSOLATION

Yesterday's conversation has been on my mind all day
    and it annoys me now that I succumbed
to the pressure of your despondency. I know it's hard
    to tell of your loss among the empty chairs
that string the island beach at summer's end,
    as twilight falls like a tear
and you have the whole winter ahead of you
    with the four walls of your house
for company. But what's to be done, old friend?
    Did you think of me in your days of glory
when you set birds to sing in my sleep
    lest the brightness of your days should fade?
Or do you think, seeing that I'm used to it, that loss
    and deprivation cannot hurt the poor?
Maybe. Yet to have held something in your hands
    is worth the bitterness of losing it.

Η ΕΠΙΔΟΚΙΜΑΣΙΑ

Γράφεις πὼς σκέφτεσαι νὰ στείλεις τὸ γιό σου
    στὴν ξενιτιά. Λοιπὸν νὰ τὸν στείλεις,
φτάνει νὰ τόνε μάθανε σωστὰ τὰ γράμματα στὰ
    σχολειά. Στὴν καρδιὰ τῆς Αὐστραλίας
δὲ σκάψανε τὰ σαράκια λαβύρινθους νὰ βροῦνε
    φωλιὲς τὰ τραγούδια τῆς Σειρήνας,
παρὰ δεσπόζουν τέτοιες ἐρημιὲς ποὺ δὲ σὲ φτάνει
    ἕνα τουλούμι νερὸ νὰ τὶς περάσεις.
Μηδὲ γκαμῆλες μηδὲ μυστήρια. Μονάχος ἐσὺ
    ποὺ σκάζουν τὴ γῆς οἱ πυρετοὶ
καὶ φρουμάζουν ἀνάσκελα τὰ σκέλεθρα καθὼς γελᾶ
    στὸν καθρέφτη τῆς λάβρας τὸ κοράκι,
καὶ δὲ βλέπεις τῆς πατρίδας τὰ στραβά, καὶ πᾶνε
    οἱ κόποι τῆς μοναξιᾶς σου χαμένοι.

THE APPROVAL

Your letter says that you've a mind to send
    your son to foreign parts. Well send him then,
just so they gave him the right grounding
    in the schools. For in the heart of Australia
no woodworms have dug labyrinths in which
    the Siren's songs can find themselves a nest,
instead the mastery belongs to such vast deserts that
    a skin filled tight with water won't suffice
your crossing. No camels here, no comforts. Only
    you, alone, where fevers crack the earth
and prone the skeletons snort as the crow
    laughs into the mirror of the heat,
and you become blind to your homeland's faults,
    and the labours of your loneliness are wasted.

ΑΝΤΙΓΟΝΗ

Θυμᾶμαι τὸν περήφανο χειμώνα τῆς ματιᾶς σου
  τὴν ὥρα ποὺ σὲ φέρναν ἄκλαυτη
καὶ πιάναν οἱ ἀκαμάτες τὶς πόρτες τῶν καπηλιῶν.
  Μὰ δὲν ἤξερα πὼς εἴσουν ἐσύ.
Τὸ μοιρολόγι σου τὸ διάβασα μόλις σὲ κάνανε
  βιβλίο, κι ἔτρεξα ἀμέσως
τ' ὀρκίζομαι, καὶ σήκωσα τὴν πέτρα νὰ σοῦ φέρω
  νερὸ καὶ νὰ ἀνάψω τὸ λυχνάρι.
Ἀλλὰ δὲν εἴσουν πιά, Ἀντιγόνη. Στὸ σκότος ποὺ
  σὲ γύρεψα δὲν εἴσουν πιά.

ANTIGONE

I recall the proud winter of your gaze
    when they were leading you away, unwept,
and the layabouts jammed the doors of the pubs.
    But I didn't know it was you.
I read your dirge as soon as they made you
    into a book and straight away I ran,
I swear, and lifted away the rock
    to bring you water and to light the lamp.
But you were no more, Antigone. In the darkness
    where I sought you, you were no more.

ΣΤΟΝ ΑΝΑΓΝΩΣΤΗ Β΄

Ἄν περπατῶντας στὶς καταχνιὲς βλέπεις πουλιὰ
    νὰ καῖνε σὰν τὰ ρόδια
στοῦ χειμώνα τὸ παράθυρο καὶ τὴ γενάτη σκεπή,
    ἂν ἄφοβο καμιὰ φορὰ σὲ
βγάζουν οἱ σήραγγες στοῦ Ἀμαζόνιου τὰ μπαλκόνια
    νὰ δεῖς τὰ σαρκοβόρα φύλλα
ποὺ ρουφᾶνε ζωντανὴ τὴν παραστρατημένη ἀχτίδα,
    κι ἂν ποὺ σὲ πνίγει τὸ δίκιο σου
καὶ τῆς πατρίδας τὸ κρίμα σὲ πᾶνε φυλακὴ
    καὶ βλέπεις τὸ αἷμα νὰ πυρπολεῖ
τὴν ἐρημιὰ στὰ μάτια τοῦ κόσμου, νὰ ξέρεις πὼς
    σὲ μένα τὸ χρωστᾶς, κι ἂν βγάνεις τὴ
μουσικὴ ποὺ σοῦ φόρεσα θὰ σὲ ραγίσει τὸ ρίγος,
    θὰ πλημμυρίσεις ποὺσι καὶ θὰ χαθεῖς.

TO THE READER—II

If when you walk through the mist you notice birds
   ablaze like pomegranates
in the window and on the bearded roof of winter
   if sometimes the dark tunnels
let you out onto the balconies of the Amazon
   to see without fear flesh-eating leaves
swallowing alive the straying beams of the sun,
   and if your rights are trampled
or for your country's sake you're led away
   to gaol and see how blood sets fire
to the wilderness in the people's eyes,
   then know that you're indebted to me, that if you doff
the music I clothed you in, the shudder will crack you,
   the mists will flood you, and you'll perish.

ΣΥΜΒΟΥΛΗ

Τώρα ποὺ μεγαλώνει ἡ τρίχα σου καὶ σὲ βαστᾶνε,
καθὼς μαθαίνω, οἱ φαγοῦρες, καὶ γράφεις
ποιήματα, σὲ παρακαλῶ νὰ μὴ μοῦ τὰ στείλεις.
Ξέρω τὴν ἀνάγκη σου, ἀλλὰ πάρε τὴ συμβουλή μου
καὶ βρὲς κανένα τρόπο πιὸ πραχτικό.
Ἡ Μούσα, δασκαλεμένη καὶ δύστροπη, θέλει
ἀντρίκιο κουμάντο. Τί πᾶτε καὶ μπερδεύεστε
ἐσεῖς, καὶ θολώνετε τὰ νερὰ τῆς Κασταλίας;
Κάθε φορὰ ποὺ πάω νὰ πιῶ
δὲν ξέρω ποῦ νὰ κοιτάξω. Τὰ βράχια
ὁλόγυρα πιασμένα ἀπὸ σπανούς, ἀμούστακους,
ἐπιδειξίες, κι ἄλλους, μὲ ξυρισμένους πισινούς.

ADVICE

Now that the curly hairs are growing and, I hear,
you've got the itch, and poems
are flowing from your pen, don't send me them.
I know your need, but do take my advice
and work it off in a more practical way.
The Muse, experienced and refractory,
requires the strong hand of a man. Why meddle then
and muddy the waters of the Castalian spring?
Each time I go to drink
I don't know where to look. All round
moustacheless types on the rocks, and eunuch-faced ones,
and exhibitionists, and others, with shaven bums.

NOTES

OBSERVATIONS OF A HYPOCHONDRIAC 5. The "sons of wilderness" appear in several poems in *The House with the Eucalypts* and elsewhere. The metaphor covers all those who have been visiting me in nightmares over the past thirty years or so: the champions of "progress" and "growth", miners, developers, destroyers of the environment, demolishers of tradition and polluters of the imagination and language. It includes "advanced" thinkers in education, the arts and the sciences, opportunists and time-servers as well as politicians of a certain kind.

OBSERVATIONS OF A HYPOCHONDRIAC 8. The "Argonauts" were the men who in the fifty-oared *Argo* sailed with Jason to Colchis on the Black Sea to help him recover the golden fleece.

HESPERIDES. These were the daughters of Hesperus, the Evening Star, who, with the Dragon Ladon, were assigned the task of guarding the golden apples given by the earth to Hera on her marriage to Zeus. The dragon here and in some other poems in *The House with the Eucalypts* is intended as a symbol of those forces in nature and the general life of man which civilization has not yet completely subdued.

THE CONFLAGRATION. "Upper Quarter" and "Oriental Market" have no topical significance other than that warranted by the poetic existence of this imaginary city.

THE SICK BARBER. It was indeed "thirty-two years ago and more" when the poem was written. Bad luck had kept me on Patmos for the whole winter of the final year of the war, ill and away from my own German-held island. That was a period when people moved in the darkness of despair, and echoes of great and tragic events from the world beyond reached to the very depths of one's being and made daily conversation with death a matter of habit. Most people stopped this valuable exercise the moment the bells of peace began to ring. I did too, but resumed the practice later, albeit in a subtly disguised way: I began to talk with my dead. Indeed it was on one of these occasions that this poor barber from the distant past came to plead for justice.

The "empty houses of the rich" were the *archontika* (an archon's house) of which there is a great number on Patmos, Leros, and other islands, built by rich islanders resident abroad—great families of shipowners, merchants, landowners, in Anatolia, Egypt, Romania, Russia ... who, owing to the seizure and occupation of the Dodecanese Islands by the Italians in 1912 and the difficulties of obtaining visas in the new circumstances, left them empty for many years.

"The Palm Sunday Cross". Great numbers of crosses are plaited from palm leaves and brought to church on Palm Sunday to be blessed by the priest for distribution to the congregation. These crosses are normally kept in the house until next Palm Sunday, hanging behind doors (along with first-of-May wreaths, a thoroughly paganistic tradition), on walls, at the iconostasis. There was one in my violin case for many years, put there by my mother to guard me against all evil in the lands of my destination.

"Genevieve with the fawn". She may have been portrayed with some other animal; I no longer remember. There were whole sets of these gorgeously naive prints depicting important moments from romances and myths. The Genevieve series was very popular in the islands where they used to grace the main-room walls of many a humble dwelling. In our own dining room we had six large engravings in black and white from the Iliad with the relevant passage from that epic in French. Helen, Hector, Andromache, Achilles— chariots and a magnificence of horses and battlements. I spent most of my childhood among them, dreaming ineffable dreams. It was a poor man's education in art and perhaps the only taste of poetry in my first eighteen years or so.

War themes were also popular with the art-loving islanders. The lithograph in our barber's shop had for its subject a fierce battle from the Russo-Japanese War of 1904-5.

"Erebus" was darkness, or the God of darkness, son of Chaos and Gaea.

"The Red Cross" began to send biscuits and milk powder to the German-occupied islands in the last year of the war. If it had not been for these meagre yet vital supplies of food, a great number of islanders would have perished. The arrival of the Red Cross caique was awaited with great anxiety. But weather would sometimes cause delays and the people would gaze disconsolately over the stormy seas.

"Silvestri's Serenade". These were pieces beloved of all barbers who, apart from extracting teeth, applying leeches, and performing other useful tasks (match-making for instance) were also the only professional musicians in the villages. My musical education began in barbers' shops where I would listen fascinated to these people playing the violin, the lyra, the santouri, the lute, or the mandolin. Wind instruments are not used in island orchestras.

"A whiff of incense". Part of the ordinary religious ritual in pious Orthodox households is the burning of incense at vespers, on feast days, and other occasions. The Patmians with their strong religious tradition seemed to move with the smell of incense about them at all times. They tell me that now that tourism has made them rich (very rich) they smell of Old Spice—even the monks.

AN OVERSEER'S LETTER. "Meltemi"—summer northwest-
erly winds, prevalent in August. They can blow for days on
end, often with the vigour of veritable gales.

THE COMFORTER. "All hell's let loose at Rebelos's place".
Right up to the outbreak of the last war, sponge fishing with
its associated activities was the main industry on rocky is-
lands such as Calymnos and Simi. The flotillas of sponge-fish-
ing boats, complete with auxiliary ships, would be working
the waters of North Africa for the winter months and return
to the islands in the summer, when the sponge divers would
carouse day and night drowning their grief for lost mates
and their memories of hardship in wine and song. It is the
custom on such occasions to throw money to the orchestra
in a spirit of drunken generosity.

FIRST POEM. "Lentisk"—a medium-height spreading bush
whose leaves, when crushed, give off a peculiarly distinctive
fragrance among the other aromatic growth that covers the
island hills. Bruised trunks and branches secrete a resinous
substance which is not unlike frankincense in appearance.

The "glass of miracles" refers to the glass at the bottom of
the drum-like metal box fishermen use to scan the bottom of
the sea. In the days before the invention of the diver's mask,
a look through that glass had all the power of a miraculous
revelation.

SEVENTH POEM. The infamous colonels held about five thou-
sand political prisoners behind barbed wire on the island of
Leros. No executions took place there, but that, I think, is
irrelevant; I did not set out to report a fact.

TWELFTH POEM. The "Marathons" and the destruction of
the "City" are used here as symbols of noble achievement
and abysmal depravity, respectively. The old men of this

Rhapsody, as they travel towards darkness in the company of memories from a life intensely lived, resignedly reflect that they will get no credit for having added the fullness of their own experience to its rich texture of good and evil. A restatement perhaps of the old generation-gap question, but I was only concerned to develop further the theme of ingratitude that forms the basis of some other poems (*Hesperus, My Darling Son*).

MESSAGE. This message was meant for my dead mother, not my homeland. The sight of the sea never fails to excite me, but on that glorious day the experience was one of delivery, marking the end of a long period in the dumps. The message was sent by one of my "couriers of souls".

THE PRANKSTER. Born and bred in the fascist-held Dodecanese Islands; liberated some time after the war only to experience the rigours of the Greek brand of police state first sponsored by the British and later perfected and liberally supported by their American successors, I developed a special affection for collaborators and informers. I celebrated the former elsewhere in *The Book of Epigrams* (see "Fulfilment" in *Meanjin* 1/83). This poem is partly based on some wartime memories of the latter, a well-known informer in this case, whom I saw jumping off the roof of our house the moment I entered the courtyard one stormy winter night in 1942.

PROMISES. The "harsh and blinding brightness" alludes to the Platonic purity of knowledge, the bright world of ideas.

D.T.

ABOUT THE AUTHOR

Dimitris Tsaloumas was born on Leros in the Dodecanese group of islands. He grew up during the Italian Occupation and completed his education at the Italian Classical Lyceum in Rhodes. With the arrival of the Germans, he became involved in the work of the undergrouxnd. After liberation he was frustrated with the political unrest in the islands and decided to move to Australia for two years. After thirty years, he is still here. His Australian experience has included study at the University of Melbourne and a career as teacher of modern languages and English with the Victorian Education Department. He has had seven books published, six in Athens.

COPYRIGHT

This print edition published in collaboration with Brio Books,
an imprint of Booktopia Group Ltd

Level 6, 1A Homebush Bay Drive · Rhodes NSW 2138 · Australia

Print ISBN: 9781761280986

briobooks.com.au